Neue
Kleine Bibliothek   36

Karl-Heinz Heinemann
Thomas Jaitner

Ein langer Marsch

1968 und die Folgen

Gespräche mit
Lutz von Werder, Thomas Ziehe,
Kurt Holl, Rolf Trommershäuser,
Herbert Stubenrauch, Monika Seifert,
Rainer Kippe, Gisela Strauff, Hellmut
Hartmann, Manfred Neugroda,
Bernd F. Lunkewitz, Christoph Zöpel,
Oskar Negt

PapyRossa Verlag

© 1993 by PapyRossa Verlags GmbH & Co. KG, Köln
Alle Rechte vorbehalten
Umschlag: Lux siebenzwo Hölzel/Kubowitz, Köln
Satz: Fotosatz Klaußner GmbH, Köln
Druck: Interpress

Die Deutsche Bibliothek - CIP-Einheitsaufnahme
Heinemann, Karl-Heinz
Ein langer Marsch : 1968 und die Folgen / Karl-Heinz
Heinemann ; Thomas Jaitner - Köln : PapyRossa-Verl., 1993
  (Neue Kleine Bibliothek ; 36)
  ISBN 3-89438-061-6
NE: GT

Inhalt

Vorwort

Ursprünglich sollte dieses Buch eine Art Rechtfertigung werden gegen Vorwürfe, die heute vielfach gegen die »68er« erhoben werden. Es heißt, sie seien mit ihrer antiautoritären Erziehung schuld an der Gewalt in den Schulen. Sie sollen Sekundärtugenden wie Fleiß, Ordnung, Ehrlichkeit und Pünktlichkeit verspottet und damit den allgemeinen Werteverfall verursacht haben, zumal sie nichts an die Stelle alter Werte zu setzen hatten. Die Prinzipienlosigkeit und der platte Egoismus, mit denen eine neue Politiker- und Unternehmergeneration das Vertrauen der Menschen in Politik und Wirtschaftsordnung untergräbt - ein Ergebnis des von 68ern gepredigten Hedonismus. Und sie seien gescheitert: Auf die gesellschaftlichen Probleme von heute wüßten sie keine Antwort mehr – die deutsche Vereinigung und der Zusammenbruch des Realsozialismus habe ihnen den Boden unter den Füßen weggezogen.

Urteile und Schuldzuweisungen, die zum Teil schlicht dumme Projektionen sind, die aber auch Fragen aufwerfen. Denn die Antworten von 1968, die Alternativen von damals können heute so nicht mehr stimmen. Trotzdem wollten wir nach Erfahrungen und Beispielen suchen, wie man an den Impulsen jener Zeit anknüpfen kann.

Und das war die zweite Absicht, die wir ursprünglich verfolgten: Hinzuhören und aufzuspüren, wo eben, anders als von manchen Kritikern behauptet, Menschen Werte wie gegenseitige Zuwendung, Bereitschaft, füreinander einzutreten, also des solidarischen Handelns, für sich angenommen und zu konkreten Orientierungen weiterentwickelt haben, Werte, die das menschliche Zusammenleben auch in Zukunft bereichern und angenehm machen können.

Im Verlaufe der Arbeit an diesem Buch ist die Rechtfertigungsabsicht, die Auseinandersetzung damit, ob die 68er nun schuld sind an diesem oder jenem, zunehmend zurückgetreten. Uns hat überrascht, wie vielfältig das ist, was unsere Gesprächspartner aus ihrem Leben gemacht, welche Konsequenzen sie gezogen haben.

In seinem berühmten Interview mit Günter Gaus sagt Rudi Dutschke über das Ziel der Studentenrevolte:

»Wir können eine Welt gestalten, wie sie die Welt noch nie gesehen hat, eine Welt, die sich auszeichnet, keinen Krieg mehr zu kennen, keinen Hunger mehr zu haben, und zwar in der ganzen Welt. Darum werden wir kämpfen und haben wir angefangen zu kämpfen.«

Alle verband das Gefühl, daß sich die eigene Lebenswelt ebenso wie die Gesellschaft und das Verhalten der Nationen untereinander gründlich ändern müßten. Vor diesem großen Ziel verblassen nur allzu leicht die gesellschaftlichen und kulturellen Veränderungen, die zwar nicht allein durch die Studentenrevolte bewirkt, aber von einer Generation vollzogen wurden, die durch den Aufbruch von 1968 geprägt ist: In den Kindergärten, Schulen und Hochschulen, in der Justiz und im Strafvollzug, im Umgang zwischen Bürger und Staat oder in der Sexualmoral.

Von der Gemeinsamkeit von '68 fand sich vieles in den politischen Bewegungen der letzten Jahrzehnte, bei den Grünen, in der Anti-AKW-, der Frauen- oder der Friedensbewegung.

Ziel dieses Buches ist es nicht, noch einmal und schon wieder die Geschichte der 68er-Bewegung zu deuten. Es geht vielmehr darum, die vielfältigen Erfahrungen, die einzelne Menschen gemacht haben, »zurückzuerobern«

(Hannah Arendt). Wir stellen deshalb sehr unterschiedliche Menschen vor, die von 1968 geprägt wurden.

Biografische Porträts von Frauen sind leider Mangelware in diesem Buch. Wir wollen es nicht damit rechtfertigen, daß sich darin ein objektives Problem der 68er-Bewegung widerspiegelt. Wir haben die befragten Personen nicht systematisch ausgesucht. Es sind Menschen, von denen wir gehört und gelesen haben, deren Lebensweg oder deren Meinung uns besonders interessiert hat, zum großen Teil sind es Menschen, zu denen wir direkt oder indirekt eine persönliche Beziehung haben. Wir haben auch nicht alle Gespräche in den Band aufgenommen. Gerade bei manchen prominenteren Vertretern der 68er-Generation stellte sich heraus, daß sie wohl interessante politische Einschätzungen haben, daß es ihnen aber schwer fällt, vom Abstrakten zur Vielfalt des Konkreten ihrer eigenen Biografie aufzusteigen. Es liegt nicht an ihnen. Wir hätten ihnen mehr Widerständigkeit im Gespräch entgegensetzen müssen.

Allen unseren Gesprächspartnern und -partnerinnen sei dafür gedankt, daß sie uns ein Stück an ihrer Entwicklung haben teilnehmen lassen.

Karl-Heinz Heinemann/Thomas Jaitner

Lutz von Werder

Die Auseinandersetzung mit der Realität hat einem die Scheuklappen beseitigt

von Karl-Heinz Heinemann

Lutz von Werder war mir aus der Zeit der Studentenbewegung ein Begriff. Er hat die »Klassiker« sozialistischer Erziehung aus der Weimarer Republik, von Siegfried Bernfeld bis Otto Rühle, herausgegeben und bekannt gemacht. Er gab eine Zeitschrift »Erziehung und Klassenkampf« heraus und war so etwas wie der Theoretiker einer sich zu einer proletarischen Erziehung hin entwickelnden Kinderladenbewegung, die einerseits die Inselpädagogik der ersten antiautoritären Kinderläden ablehnte, sich aber gleichzeitig von der durch und durch autoritären Erziehungspraxis eines Realsozialismus absetzte.

Lutz von Werder, Jahrgang 1938, ist heute Professor für Sozialpädagogik an der Fachhochschule in Berlin. Ich treffe ihn in einem von der Fachhochschule angemieteten alten Laden. Kisten mit Papieren, die gerade aus- oder eingepackt werden, Schreibmaschinen, Tische und Stühle nicht mehr vom Feinsten, zwischendurch der Ladenbesitzer von nebenan, der mit Lutz von Werder über das Vorgehen gegen den Hausbesitzer und Schutzmaßnahmen gegen weitere Einbrüche diskutieren will. Lutz wirkt untersetzt. Er berichtet flüssig, sehr ironisch. Mit Fragen kommt man bei ihm kaum dazwischen. Sein heutiges Thema, das kreative Schreiben als ein Mittel, sich seiner eigenen Geschichte zu

vergewissern, hat er offenbar auf sich selbst erfolgreich an-
gewandt.

Wie die meisten Aktivisten der Studentenbewegung
hatte er nicht erst am 2. Juni 1967 sein Erweckungserleb-
nis, als Benno Ohnesorg in Berlin erschossen wurde.

Lutz hat Erwachsenenbildung studiert, vorher hat er
sich zum Bibliothekar ausbilden lassen. Damit hat er sich
während seiner SDS- und Kinderladenzeit sein Geld am
Institut für Byzantinistik verdient. Nach einer Zeit als So-
ziologieassistent in Berlin promovierte er mit seinen ge-
sammelten Aufsätzen in Bremen, 1975 habilitierte er sich
mit einer Arbeit über die Geschichte der sozialistischen Er-
ziehung in Deutschland. Die akademische Karriere ließ
freilich noch auf sich warten – »denn durch meine SDS-
Zugehörigkeit und meine sonstigen Aktivitäten war ich
nicht gerade der Kandidat Nr 1. Auf 15 Hearings habe ich
meine Fähigkeiten als Hochschullehrer angeboten.
Schließlich, 1977, habe ich hier an der Fachhochschule für
Sozialarbeit die Stelle gekriegt.«

Wie bei vielen anderen Gesprächspartnern begann sein
Engagement damit, daß er existentialistische Literatur las
– Sartre, Camus und Jaspers.

Die Konsequenz dieser Auseindersetzung war das Eintreten in eine studentische Arbeitsgemeinschaft in der
evangelischen Studentengemeinde, die sich mit dem Verhältnis von DDR/Bundesrepublik, mit Sozialismus, mit
Marx beschäftigt hat. Das war in den Jahren 65/66. Damals war die ESG ein Sammelbecken für die beginnenden
Interessenten von gesellschaftlicher Veränderung.

Ich hatte dann 65 den Magister in Philosophie gemacht
und war in einer Aufbruchstimmung, und da traf sich das
Engagement sehr gut. Ich nahm dann an einer internationalen Tagung evangelischer Studentengemeinden in Chi-

cago teil und habe dort Kontakt zum amerikanischen SDS bekommen.

Die Radikalität der amerikanischen Emanzipationsbewegung hat mich sehr berührt. Was mich da sehr angesprochen hat, war die Kommunebewegung – der Versuch, Leben, Arbeiten, Kindererziehung und die Frage der Sexualität kollektiv zu lösen, und was mich sehr berührt hat, war die große Armut in den USA.

In Berlin lernte ich dann in der Studentengemeinde Aktivisten des SDS kennen. Zusammen mit meiner Schwester und meinem Schwager trat ich 1967 in den SDS ein. Weil wir alle drei adlig waren, kommentierte Rudi Dutschke das: »Wie schon im Kommunistischen Manifest zu lesen ist, werden in bestimmten gesellschaftlichen Krisensituationen auch Teile der herrschenden Schichten motiviert, zur Revolution überzulaufen.«

Nach seinen USA-Erfahrungen wurde er in die Vietnam-Kampagne des SDS einbezogen. Zusammen mit K.D. Wolff reiste er als Referent von einem Hochschulort zum anderen und gehörte bald zum »inneren Zirkel« des SDS.

1968 hab ich dann eine der ersten Kommunen in Berlin mitgegründet. Unsere Kommune hatte sich zur Aufgabe gesetzt, einen antiautoritäten Kinderladen mitzugründen.

Er und seine damalige Frau hatten zwar kein Kind, wohl aber das andere Ehepaar, mit dem sie zusammenzogen. Kindererziehung sollte gemeinsame Sache sein, auch um die engen Elternbindungen aufzubrechen.Lutz verband das mit seinen wissenschaftlichen Interessen und seiner spezifischen Qualifikation als Bibliothekar. Über alte Aufsätze stieß er auf die Schriften von Siegfried Bernfeld und Vera Schmidt, der russischen, psychoanalytisch beeinflußten Erzieherin. Er brachte deren Schriften neu heraus. Doch darüber hinaus beschäftigte er sich auch praktisch mit Kindererziehung. Dienstags und freitags war er einge-

teilt, den kleinen Nicolai ins Bett zu bringen – und das mit den antiautoritären Ansprüchen im Hinterkopf.

Das war eine Angelegenheit, die immer drei bis vier Stunden dauerte, weil wir das Prinzip hatten, keinen Nachdruck anzuwenden, sondern das Kind sehr sanft in den Schlaf zu bringen. Der wollte dann noch spielen, das noch und das noch. Die Idee: Jetzt ist Feierabend, Licht aus, Tür zu, jetzt wird geschlafen, die Idee war absolut verpönt.

In den Kinderläden ging es zunächst einmal nicht um Vera Schmidt und Bernfeld, sondern recht pragmatisch ums Kochen, Saubermachen und ums Geld. Doch bald hielten die Eltern andere Probleme in Atem.

Innerhalb der Kinderläden war noch ein großes Problem, daß das zum Teil Eltern waren, deren Beziehungen nicht sehr fest waren. Es kam zu Seitensprüngen, würde man heute sagen, zu Beziehungsexperimenten. Es gab dabei erhebliche Reibungen. Man hat sich da Belastungen unterworfen, die einen ständig in Atem hielten.

Die Berliner Kinderläden hatten sich im Zentralrat der sozialistischen und antiautoritären Kinderläden zusammengeschlossen. Es entwickelten sich bald zwei Lager.

Da war auf der einen Seite die Kommune 2, die eine strikt psychoanalytische Erziehung praktizierte. Dort wurde die Elternarbeit als Gruppentherapie betrieben. Die flogen auch einen entsprechenden Therapeuten aus München ein. In unserem Kinderladen entwickelte sich die Einsicht: Wir bilden hier eine Erziehungsinsel, indem wir unsere Kinder sehr privilegiert mit dem Anrecht auf Freizügigkeit, auf Lustbefriedigung, auf Zurücknehmen des Realitätsprinzips erziehen. Und wir kamen eigentlich sehr schnell zu der Überlegung, daß wir diese Insel aufbrechen müssen.

Über diese Fragen kamen wir dann zur revolutionären Pädagogik. Da haben wir sozialistische Märchen erfunden und den Kindern erzählt. Die kamen vielleicht genauso gut an wie die Märchen der Brüder Grimm.

Dann haben wir überlegt – die Kinder sind ja nun fünf, nun wollen wir ihnen etwas von der Wirtschaft beibringen. Können wir ihnen das Profitprinzip beibringen? Dann haben wir zum Beispiel einen Kuchen gebacken, den auf ein Kinderfest gebracht und ihn verkauft, um ihnen nachher deutlich zu machen, daß man am Ende etwas mehr Geld in der Kasse hat, als man vorher aufgewandt hat, um die verschiedenen Utensilien für den Kuchen zu bezahlen.

Diese Erzählungen lassen die damalige Kinderladenpraxis recht exotisch erscheinen. Tatsächlich hat sich das Kinderladenmodell aber als sehr lebensfähig erwiesen. Seine Ausstrahlung in die gesamte öffentliche Kleinkinderziehung ist heute bald in jedem staatlichen oder kirchlichen Kindergarten spürbar.

Es war unglaublich erfolgreich, was die Übernahme einiger Begriffe anbelangt, es war relativ erfolgreich, was die Übernahme einiger Strukturelemente anbelangt. Z.B. das Freispiel ist durchaus in die offizielle Kindergartenerziehung aufgenommen worden. Ideen einer stärkeren Verbindung von Kindergarten und Elternarbeit sind auch von den Kinderläden übernommen worden. Das Kinderladenmodell ist ein bis heute unausrottbar attraktives und interessantes Modell. Was aber überhaupt nicht übernommen worden ist, das ist der inhaltliche Kern der antiautoritären Erziehung. Der wurde spätestens 1969 komplett beerdigt; denn antiautoritäre Erziehung heißt, sich in einen psychoanalytischen Umbildungs- und Aufklärungsprozeß als Erwachsener zu begeben, als Elterngruppe. Man müßte beispielsweise Gruppentherapie für die Eltern machen, und zum andern müßten die Erzieherinnen und Erzieher ausgebildete Psychoanalytiker sein. Das hat es ja in dieser Form nie gegeben.

Doch in der Kommune ging es nicht nur um Erziehung. Man las zusammen Marx und dann auch Freud. Man wollte nicht nur die gesellschaftlichen Verhältnisse revolutionieren, sondern sein eigenes Leben.

Unter anderem interessierte uns, wir waren alle so 25, 26, die Sexualität - uns interessierten die Möglichkeiten, aus schon länger andauernden Verhältnissen auszusteigen und das auszuprobieren, was von Wilhelm Reich als sexuelle Befreiung propagiert wurde,

Und uns interessierte auch etwas, was mit der eigenen Biografie von vielen von uns zuammenhing – die Auseinandersetzung mit dem Vater. Insbesondere mit einem Vater, der sich im Faschismus engagiert hatte. Mein Vater war ja Oberst und Ritterkreuzträger und nachdem er 10 Jahre in Kriegsgefangenschaft war, war er für mich ein sehr schwieriger Gesprächspartner. Es hatte sich bei mir eine immense Wut auf meinen Vater angesammelt, ohne daß ich das ihm gegenüber ausdrücken konnte, weil er ein absoluter Partriarch war, sehr dominant und eindrucksvoll, und mich sehr einschüchternd behandelte.

Ich las dann bei Siegfried Bernfeld eine These, die mich schockiert hat. Bernfeld schrieb, daß es nicht unüblich ist, daß Jugendliche oder junge Erwachsene, die ein besonders schwieriges Verhältnis zum Vater haben, sich dem Sozialismus zuordnen, weil sie dabei das Gefühl haben, sie könnten damit die Kreise entmachten, die ihnen immer als Repräsentanz des Vaters vor Augen stünden. D.h. – so drückte das Bernfeld aus – daß ödipale Wünsche der Vaterbeseitigung sich auch politisieren lassen, indem man nicht den Vater beseitigt, sondern die herrschende Klasse.

Die These würde ich als eine psychologische Erklärung für einen bestimmten Radikalismus innerhalb der studentischen Bewegung akzeptieren.

Nach dem Zusammenbruch des SDS 1969 beteiligte sich

seine Kommune am aufblühenden linken Sektenwesen.
Für Lutz von Werder begann damit zugleich eine Phase
der Distanzierung – so sieht er es heute.

Innerhalb unserer Wohngemeinschaft, die für mich bis
72 andauerte, also rund vier Jahre, hatte sich eine sehr pro-
noncierte linke politische Subkultur entwickelt. Wir gingen ab 69 stärker in marxistisch-leninistische Orientie-
rungsmuster über. Das führte zum Beispiel dazu, daß wir
Weihnachten 69 noch einen Weihnachtsbaum hatten, weil
wir ja noch ein Kind zu betreuen hatten, aber dieser Weihnachtsbaum war mit 40 Maobibeln geschmückt, um die
Besonderheit unserer Haltung auch zu Weihnachten zu
dokumentieren.

Ein Mitglied der Kommune meldete sich am Telefon
immer mit dem Spruch »Hier die Zentrale der Weltrevolution«, und er hatte die Idee, die Chinesische Kulturrevolution in die Bundesrepublik zu tragen. Als wir dann in
Finnland im Urlaub waren, las ein Kommunemitglied von
Snow »Roter Stern über China«, wo der lange Marsch beschrieben worden ist. Der kam dann nach 3, 4 Tagen raus
aus dem Zimmer, in das er sich eingeschlossen hatte, und
sagte: Ja, jetzt ist es soweit, wir müssen eine Partei gründen. So entstand dann in unserer Kommune ein kurz exi-
stierender Parteiansatz, die PL/PI, die proletarische Linke.

Das war eine gewisse missionarische und sektenhafte
Begeisterung, die uns damals in Gang hielt. Ich bin da nie
eingetreten, weil mich doch – sensibilisiert durch die vä-
terlichen Eindrücke – die autoritären Verhaltensweisen
unheimlich nervten. Kaum war die Partei gegründet, da
kam ein gewisser Kommandoton auf. Es bildeten sich unter der Hand Kommissare heraus, die sich mit entsprechenden Lederjacken und Mützen versahen, die sie den
Hafenarbeitern aus Hamburg abgeguckt hatten. Es war,
wie Marx richtig feststellte, daß was sich einmal als Tragö-

die entwickelt hatte, sich in einem zweiten Anlauf als Farce wiederholt. Und so kam es dann 1972 zum Bruch.

Schon vorher gab es die Diskussion im SDS, daß eigentlich der Ausbruch aus dem studentischen Ghetto angezeigt ist, daß man weitere Ziele der gesellschaftlichen Veränderung nur durch die Gewinnung von Bündnisschichten in Gang setzen könne.

Deshalb wollte ich eine Erziehungsinitiative außerhalb der antiautoritären Kindererziehung entwickeln. Wir verlegten unseren Kinderladen von Charlottenburg nach Kreuzberg und beschäftigten uns mit proletarischer Erziehung. Unsere Kinder waren damals fünf und sechs, da kamen Straßenkinder dazu, die waren etwas älter. Da entwickelte sich schnell ein Konflikt zwischen 'unseren' Eltern und den Arbeiterkindern, denn die hatten ein anderes Auftreten, die hatten einen anderen Umgangston, die waren viel vitaler, aggressiver, direkter. Es gab dann fürchterliche Szenen. Das hatte zur Konsequenz, daß wir uns trennten und ich dann einen Schülerladen mit Arbeiterkindern aufzog. Wir versuchten, im Stadtteil weitere Kinder zu erreichen, auf Trümmergrundstücken, die es damals noch gab, Abenteuerspielmöglichkeiten zu entwickeln. Eine der Aktivitäten dieser Roten Panther bestand darin, zum Rathaus Kreuzberg zu gehen und dort das Zimmer des Bürgermeisters zu besetzen, um ein Grundstück zu bekommen, das dann offiziell in einen Abenteuerspielplatz umgewandelt werden sollte.

Es ging Ihnen also nicht mehr um die eigenen Kinder, und eine revolutionäre Parteiinitiative wollten Sie auch nicht unterstützen. Worum ging es Ihnen bei dieser Schüler-Arbeit?

Mein Motiv war ein relativ exquisites. Es ging immer um die Frage, warum in den westeuropäischen Ländern radikalere sozialistische Positionen so marginalisiert waren, insbesondere in der Bundesrepublik. Meine Erklärung war, daß man nicht zum Sozialisten wird, indem man im Alter von 19, 20 auf eine Parteiversammlung geht und eine Rede hört und den Eindruck hat, das sind hervorragende Ideen, da werde ich Mitglied. Sozialismus heißt eigentlich eine grundsätzlich revolutionäre Charakterorientierung zu haben, was das auch im einzelnen heißen mag, und die kann man nur entwickeln, wenn man von Kindesbeinen an eine sozialistisch-antiautoritäre Erziehung erfährt. Und meine Idee war, im Kinder- und Jugendbereich eine Avantgarde zu entwickeln.

Lutz von Werder war auch im akademischen Bereich ungeheuer fleißig.

Ich hab an der FU in einem kleinen Institut fünf Jahre lang eine Bibliothek für Byzantinistik aufgebaut. Daneben konnte ich in der gut bemessenen Freizeit meinen politischen und wissenschaftlichen Interessen nachgehen. 1970 wurde ich dann Assistent am Institut für Soziologie – für fünf Jahre.

Die Freizeit nutzte er für seine Editionen sozialistischer Erziehungsklassiker der Weimarer Zeit, und er schrieb zahlreiche Aufsätze, vor allem in der von ihm mitherausgegebenen Zeitschrift »Erziehung und Klassenkampf.

In den ersten vier Nummern hab mich an den sehr harten und sehr emotionell geführten Diskussionen über die richtige Linie im Erziehungs- und Ausbildungssektor beteiligt und bin dann 72 mit großem Krach aus der Redaktion ausgeschieden.

Ein Teil unserer Kommunemittel, die waren ja nicht unerheblich, weil ich ja die Werke von Rühle, Bernfeld, Kanitz, Bände über Schulkampf gefunden und neu herausgebracht hatte, die damals in hoher Auflage verkauft wurden, diese Tantiemen also sind nach Frankfurt geflossen, um einen Verlag zu unterstützen, den Roten Stern

Verlag. Und dieser Verlag entwickelte sich in den Jahren 72-73 zu einem Unternehmen, das die Werke von Hölderlin in einer 20-bändigen Ausgabe edieren wollte, was mich erstmal perplex machte. Diese Hölderlin-Frage – soll man die politisch erworbenen Mittel in ein kulturell-ästhetisches Projekt investieren, das war auch einer der Punkte, die zur Trennung führten. Heute würde ich sagen, der K. D. Wolff hatte den absoluten Riecher. Ganz sicherlich ist an Hölderlin mehr dran, als man bisher hat wahrnehmen können. Damals konnte ich mich mit einer solchen Orientierung nicht anfreunden, weil wir ja auch in unserer linken Kultur unheimlich kulturfeindlich waren. Es war tatsächlich ein sehr rigides und sich restriktiv entwickelndes Milieu. Aus dem wollte ich auch raus.

Das war eine entscheidende Wende in meinem Leben. Der Bruch bestand darin, daß 1972 absolut klar war, daß alle sektiererischen Parteiansätze überhaupt nichts bringen würden. Mir war deutlich, daß man eigentlich auf die neuen Lebens- und Bewußtseinsformen der Arbeiter eingehen muß.

Für mich war aber immer klar, daß eine Politisierung nur darüber möglich ist, daß man Teile seiner eigenen Lebensgeschichte neu aufarbeitet, neu definiert, Erfahrungen neu bewertet und auch unbewußte Fixierungen an autoritäre Organisationsmodelle aufarbeiten mußte – das war mir doch von Otto Rühle sehr deutlich vermittelt worden. Ich sah, daß alles genau einen anderen Weg ging, den der Kader-Autoritarisierung, wir haben von Restalinisierung der radikalen Linken gesprochen, von der Bolschewisierung, das waren ja aparte Begriffe damals.

Ich hatte das Gefühl, daß das so nicht geht. Die Amerikaner sagten: Back to the roots, das leuchtete mir ein. Vielleicht das sozialistische Büro, das sich sehr stark sozialpädagogisch und sozialpolitisch am linken Flügel der SPD orientierte, das schien mir 'ne Möglichkeit zu sein, und das war der Anlaß, mich mit meinen politsichen Freunden, wie man heute so schön sagt, komplett zu überwerfen.

Interessanterweise – was ja meistens der Fall ist bei Lebenswenden - ging dabei die Beziehung mit meiner ersten Frau auseinander. Ich wollte ja das Leben wieder neu und anders wahrnehmen und mich von allem Ballast, auch von falschen politischen Vorstellungen befreien. Und daraus hat sich dann diese Graswurzelarbeit entwickelt, die bis 80 ging. Die hat mich völlig verändert, denn nun war ich wirklich in den Lebensproblemen drin, die diese Republik kennzeichnen.

In den Jahren 74 bis 80 hab ich hier in Berlin-Schöneberg eine neue Art von Erwachsenenbildung aufgebaut, in Form von Läden, in Form von Jugendwohngemeinschaften – also ein Netzwerk, in dem besonders ausländische Mitbürger, aber auch Unterschichtmitbürger informiert, beraten, unterhalten, trainiert und weitergebildet worden sind. Diese Arbeit rund um die Potsdamer Straße, was damals noch ein kriminalisierter Strich war, hat mich sechs Jahre in Gang gehalten. Da habe ich dann auch entsprechend drüber publiziert, über alltägliche Erwachsenenbildung, über stadtteilnahe Volkshochschul- und Bildungsarbeit. Dahinter stand auch die Erfahrung, daß unser Bild vom Arbeiter, geprägt von Marx und Engels aus dem 19. Jahrhundert, ja erheblicher Revisionen bedurfte.

Das Problem der Armut, der Auseinandersetzung mit Ausländern, der Prostitution, das waren Probleme, die so hautnah waren, daß dort alle politischen Ansätze, die sich innerhalb der Linken herausgebildet hatten, überhaupt keine Rolle spielten. Da ist nie eine von den linken Parteien aufgetaucht, um sich um die wirklichen Alltagsprobleme der unteren Schichten zu bemühen. Sondern man erlebte dort, wie sich die Leute durch den Alltag kämpften.

Und man erlebte – und das hat mich sehr beeindruckt –, mit welcher Pfiffigkeit, Kreativität und mit welchen Katastrophen ein Arbeiteralltag in der Bundesrepublik sich entwickelt.

Er hatte nicht mehr die Vorstellung, daß die Randgruppen nun zum revolutionären Subjekt werden könnten oder müßten. Den Anspruch, über diese Stadtteilbildungsarbeit seine Klienten zu revolutionieren, hatte er aufgegeben.

Die Idee, daß eine Revolution ansteht in der Bundesrepublik und in Westeuropa, die hat sich schon Anfang der siebziger Jahre für mich als Illusion dargestellt. Was aber für mich deutlich wurde, daß Hilfe zur Selbsthilfe für die unteren Schichten absolut nötig war, einfach, um aus einem humanistisch verstandenen Sozialismus, aus einer radikalen humanistischen Ethik heraus dort entsprechende Formen der Hilfe, der Beratung zu geben.

In der Arbeit in der Potsdamer Straße hatte er die Anerkennung gefunden, die den Parteiansätzen und auch seiner sozialistischen Kinder- und Jugendarbeit versagt blieb. Er konnte sich außerhalb des studentischen Milieus verankern.

Das war ein absoluter Schritt hinein in die Realität. Sowohl in eine tragfähige berufliche Realität als auch in eine wissenschaftlich interessante Realität. Wir hatten im Rahmen des Studiums so eine Art Assistentensozialismus entwickelt, eine sozialistische Theorie mit einer gewissen Weitschweifigkeit, mit einer gewissen Abgehobenheit, die sehr schön der ökonomischen Basis eines Assistenten und Studenten entsprach. Die Auseinandersetzung mit der Realität hat einem die Scheuklappen und die Tomaten auf den Augen beseitigt. Man mußte sich im Hier und Jetzt mit den Leuten, so, wie sie von der Gesellschaft ständig hergestellt werden, auseinandersetzen. Und man mußte sich auch mit der Erfahrung auseinandersetzen, daß die vorliegenden soziologischen und sozialistischen Theorien da wenig zu bieten haben. Man mußte ins kalte Wasser springen. Man mußte anfangen, sich wieder Deutungsmuster, Strukturierungen von Realität zu erarbeiten, die den Verhältnissen entsprechen.

Eine meiner Konsequenzen aus meinem sozialistischen Engagement ist, daß wir die falsche Sprache hatten, daß wir, weil wir die falsche Sprache hatten, auch falsch gedacht haben. Wir hatten eine Sprache und ein Denken, die mit der Realität nicht zusammen kamen, nicht in Kommunikation treten konnten.

Über diese Stadtteilarbeit bin ich zu einer wichtigen Entdeckung gekommen, nämlich, daß eine derartige Arbeit im wesentlichen von der Sprache lebt. Es kommt im Entscheidenden darauf an, um mal ein Schlagwort zu gebrauchen, authentisch zu reden und die entscheidenden Alltagserfahrungen artikulieren zu können. Ich merkte, daß viele von den Studenten und Akademikern das überhaupt nicht konnten. Der Unterschied zwischen elaborierter Mittelschichtsprache und einer etwas anderen Arbeitersprache war da sehr deutlich. Allerdings – die Brükke, die ich dann fand, war 1979, da hab ich eine erste Gesprächswerkstatt aufgemacht, ich hab Personen aus dem Stadtteil eingeladen und wir haben uns wichtige lebensgeschichtliche Ereignisse und Passagen erzählt, das waren zum Beispiel Geschichten, wie man 1946 versucht hat, eine Wohnung selbst auszubauen, oder wie wir die Blokkade erlebt haben...

Ich hab dann zwei Jahre lang in diesem Literatur-Erzählcafé gewerkelt. Jeder, der was Geschriebenes hat, kann herkommen und zweimal in der Woche nachmittags hat er zwei Stunden Zeit, es einem interessierten Publikum vorzulesen. Das hatte überraschende Konsequenzen. Es kamen hochinteressante Leute, die dort gelesen haben. Man kriegte einen Einblick in die spontane Kreativität der unteren Kreise.

Da merkte ich, daß am Schreiben etwas Kommunikatives, etwas Kreatives, etwas Therapeutisches ist. Das war das Startzeichen für das, was ich für meine Entdeckung halte, daß nämlich das Schreiben ein eigenes Medium ist, mit vielen therapeutischen Aspekten, mit einer Förderung des inneren und äußeren Wachstums, auch der Förderung und Stabilisierung der eigenen Identität und der Förderung einer eigenen Methode, mit der man sich in hervorragender Weise mit den Verhältnissen auseinandersetzen kann. Deshalb mache ich seit 1980 ein Ausbildungsprojekt zum kreativen und therapeutischen Schreiben. 1986 hab ich dann ein Institut für kreatives Schreiben gegründet, und vor einem Jahr hat mir der Berliner Senat ein Institut geschenkt, das nennt sich hochschuldidaktisches Zentrum, weil ich die in Deutschland unbekannte Schreibforschung aufgearbeitet und entsprechende Lehrbücher und Ausbildungscurricula zum kreativen und wissenschaftlichen Schreiben entwickelt hab. Der Senator hielt das für den Ansatz einer neuen Hochschuldidaktik. Es zeigt sich ja, daß heute nicht nur der sekundäre Analphabetismus grassiert – ich stell auch in meinem Unterricht fest, daß ein Drittel bis die Hälfte der Studenten unfähig ist, wissenschaftlich zu lesen und zu schreiben.

Sind Sie eigentlich zufrieden mit dem, was Sie erreicht haben? Was ist aus dem Anspruch geworden, auf dem langen Marsch Institutionen zu verändern, ja, zu zerschlagen, und befreite Gebiete in den Metropolen zu schaffen?

In vielen Bereichen waren die Vorstellungen, institutionell etwas zu verändern, absolut überkandidelt, wenn man so will, und im Entscheidenden ist es uns nicht gelungen, die Basis der institutionellen Entwicklung, nämlich die

Familie und das zwischenmenschliche Zusammensein neu zu organisieren. Mit dem Scheitern der Kommunebewegung hat meines Erachtens überhaupt jede Form von institutioneller Veränderung ihre Basis verloren. Denn zur institutionellen Veränderung gehören neue Menschen, und neue Menschen müssen aus neuen Erziehungsverhältnissen sich entwickeln, und die können nur aus neuen familienähnlichen Verhältnissen kommen, und die hat es ja nie gegeben – oder nur für eine kurze Periode.

Und Sie selbst? Leben Sie heute anders als Ihre Eltern?

Ich hab längere Zeit beziehungsmäßig experimentiert, bis mir klar wurde, daß eigentlich die bürgerliche Kleinfamilie das Non plus ultra ist, daß auch ein eigenes Kind möglich und interessant ist, und habe innerhalb der Binnenstruktur das versucht, was auch in den weitesten bürgerlichen Kreisen der Mittelschicht üblich ist – eine Beteiligung an den Arbeitsverhältnissen zu gleichen Teilen zwischen Mann und Frau einzurichten, die Aufgabe einer Patriarchenrolle, die in den Anfängen des SDS noch immer sehr deutlich war. Diese institutionelle Veränderung hab ich für mich vollzogen.

Würden Sie sich heute noch als Marxisten bezeichnen?

Auf jeden Fall würde ich mich als Gefühlssozialisten verstehen. Das war ja früher mal ein Schimpfwort. Ich denke, daß einige der ganz wichtigen Gesetze des gesellschaftlichen Kollapses schon von Marx erkannt worden sind. Ich halte ihn für einen guten Analytiker, aber einen schlechten Politiker und einen noch schlechteren Strategen. Ich denke auch, da bin ich heute eher von Untersuchungen beeinflußt, die Norbert Elias vorgelegt hat – ich denke auch, daß wesentliche Veränderungen des Habitus, Veränderungen des Charakters sich vollziehen müssen, wenn man es anders formuliert, Veränderungen des alltäglichen Verhaltens.

68 wird doch gern als Kulturrevovolution interpretiert in dem Sinne, daß sich in der Folge in der Alltagskultur sehr viel verändert habe. Würden Sie das bestreiten, halten Sie 68 als Kulturrevolution für gescheitert?

68 war ein derartiges Gesamtkunstwerk, hatte derartig viele geballte Impulse, man kann nicht von einem globalen Scheitern sprechen. Man kann nur von vielen, von der Bewegung ungelösten Fragen sprechen, man kann von einer ganzen Reihe von Impulsen sprechen, die auch heute noch wirksam sind. Impulse, die sich in der Öko- und Friedensbewegung, in der Hausbesetzerbewegung als sehr virulent erwiesen haben. Die Grundeinsicht der 68er-Bewegung – es gibt nichts Gutes, es sei denn, man tut es –, ein Insistieren auf der Handlung ist unausrottbar.

Ganz sicherlich habe ich mein Coming out in der Studentenbewegung gehabt im Hinblick auf das öffentliche Sprechen, das Sprechen vor kleineren, größeren, ganz großen Gruppen, sicherlich die Fähigkeit, politische Verhältnisse zu durchschauen und mir nicht vom äußeren Schein imponieren zu lassen. Die Vorstellung, Politik sei ein wissenschaftliches Unternehmen, die ja im Marxismus existiert, das habe ich gelernt, daß das so nicht ist.

Nach den existentiellen Krisen in den siebziger Jahren ist es ihm doch gelungen, sich neu zu orientieren, ohne mit seiner Vergangenheit zu brechen. Immerhin ist er schon 15 Jahre lang Professor. Gehört er nun auch zu der oft karikierten müden Schar von Alt-68ern, deren langer Marsch auf einem sicheren Lehrstuhl endete?

Die Studentenbewegung hat sicher viele Leute verheizt. Viele sind manipuliert worden, sind sozusagen auch in einer Art massiver emotioneller und ideologischer Prägung mit erheblichen Realitätsdefiziten ausgestattet worden, die sie dazu geführt haben, sich entweder umzubringen, das ist ja zu beobachten gewesen, oder in die Psychiatrie zu kommen.

Ich kenne Schicksale von Leuten, die sich revolutionären Gruppen angeschlossen haben, die etwa im Libanon gearbeitet haben und dann wegen Abweichungen hingerichtet worden sind. Auf der anderen Seite gibt es diese Professorenschicht, die der 68er-Szene entstammt, die heute ja oft einen müden, abgekämpften und desillusionierten Eindruck macht. Ich denke, ich hab auch mit einem depressiven Anteil zu kämpfen. Ernst Bloch hat das so ausgedrückt, daß die Fahne der Utopien ein Stück Trauerflor selber zu tragen hat.

Ernst Bloch ist für mich sehr wichtig, weil er ganz prinzipiell die Meinung vertritt, daß Utopie schon vom Namen her eine Idee der Neuordnung des Verhältnisses zwischen Mensch und Natur und zwischen Mensch und Mensch beinhaltet. Und diese radikale Orientierung auf Zukunft hat einem den Abschied von der in manchen Punkten verkorksten und verwirrenden Vergangenheit erleichtert.

Depressive Anteile deshalb, weil man sich ganze Phasen seines Lebens etwas vorgemacht hat. Weil man auch anderen Leuten etwas vorgemacht hat, sie für Dinge begeistert hat und in Projekte eingebunden hat, die sie nicht immer gefördert haben. Viele sind ja auch wahnsinnig ausgebeutet worden, sie haben kostenlos, wie heute bei den Sekten, 12, 14 Stunden am Tag gearbeitet, haben sich medizinisch schlecht versorgt und sind auch körperlich runtergekommen.

Depressive Anteile liegen auch darin, daß man sich mit vielen Leuten lebenslänglich verkracht hat. Offensichtlich sind das Dinge, die sehr tief sitzen.

Thomas Ziehe
Da ist immer ein Stück Distanz, dadurch wird man nicht ganz so heiß

von Karl-Heinz Heinemann

Die 68er, die sich in der Kontinuität oder im Bruch zur Studentenrevolte begreifen, sind um die Fünfzig. Einige Jahre Altersunterschied können sehr viel ausmachen. Thomas Ziehe, Jahrgang 1947, ist zum Zeitpunkt unseres Interviews 45, er fühlt sich eigentlich schon als Angehöriger der zweiten Generation der Studentenbewegung – er hat sie auch ganz anders erlebt. Ich kenne ihn, weil wir in Hannover in dieselbe Schule gingen – freilich, ohne viel Kontakt miteinander zu haben. Ziehe wurde in den siebziger Jahren bekannt mit seiner Dissertation über den »Neuen Sozialisationstyp« - eine psychologische Deutung der narzißtischen Schlaffi-Jugend-Generation der siebziger Jahre. Er hat sein Lehrerstudium nicht abgeschlossen, sondern promovierte und wurde Wissenschaftlicher Begleiter der Glockseeschule, einer Alternativschulgründung in Hannover. Seine akademische Karriere mit den für die achtziger Jahre und den engeren Stellenmarkt an den Hochschulen typischen Berufsrisiken führte ihn als Professor nach Frankfurt. Seine Wohnung in Hannover hat er beibehalten, er ist Spagatprofessor auf einer C2-Stelle. Ich interviewe ihn in seinem Frankfurter Dienstzimmer, als er dort gerade seinen Abschied gibt - nun hat er einen ordentlichen Lehrstuhl in Hannover.

Thomas Ziehe kann gut formulieren – Gespräche mit ihm werden regelmäßig in einer pädagogischen Rundfunkreihe gesendet. Er kann voller Ironie und sehr distanziert über die Studentenbewegung und seine Rolle in ihr berichten. Die Studentenbewegung war für ihn mehr eine Subkultur, von der etwas in ihm geblieben ist. Trotz seiner Kritik an ihrem Totalitätsanspruch finde ich aber, daß in seiner Haltung des kritischen Hinterfragens doch mehr von ihr nachwirkt als nur eine schöne Erinnerung.

Ich bin zur APO im zweiten Semester gestoßen, das war 1969, und das war bereits in Hannover. Angefangen zu studieren hatte ich in Berlin, das war mir da zu hektisch und zu anstrengend. Da ging ich also nach Hannover zurück und stieß dann zu dieser Bewegung. Wir haben dann in der Provinz alles noch mal nachgemacht, was in den großen Städten lief, und fühlten uns selber als die kleineren. Die großen Schlachten waren schon geschlagen und die großen Umdeutungen über die linke Theorie, die haben Größere für uns gemacht. Das war das Selbstgefühl einer nachkommenden Generation, obwohl ich ja, Jahrgang 47, in diese Altersgruppe gehöre. Aber, wenn man sich die Biografien der richtigen 68er anguckt, die sind eher früher geboren. Und es machten wenige Jahre Altersunterschied ganz schön was aus.

Wir waren in einer Lebenssituation, wo es keinen Bruch mehr darstellte, zur APO zu stoßen. Für uns war es identisch mit dem Eintritt ins junge Erwachsenenalter. Die etwas älteren waren sehr oft bereits verheiratet, hatten Kinder, weil man ja damals auch früh heiratete, die haben ganz andere Brüche mitgemacht, die sie z.T. auch ungeheuer angestrengt haben. Bei uns lief der Übergang glatter und viel weniger dramatisch.

Tom Ziehe hat sich schon damals nicht dem totalen Anspruch stellen wollen, alles, Politik, Leben, Arbeiten, Lie-

ben, Wohnen, zusammenzubringen und zu verändern.
Ein wenig Distanz schien ihm besser zu sein.

Ich bin auch deshalb von Berlin weggegangen, weil ich die Vorgänge am Otto-Suhr-Institut atmosphärisch ausgesprochen unangenehm fand. Der Ahaeffekt war, als so ein Hausmeister eingekesselt wurde, im unteren Hörsaal, der sollte wegen irgendwas zur Rede gestellt werden – von aufgebrachten Studenten, ein paar hundert Leute, da kam eine komische Stimmung auf. Der Hausmeister hatte sichtlich Angst. Die sagten: Wir lassen Dich nicht mehr raus. Jemand sagte, der hat ein Herzproblem, das haben die nicht ernst genommen. Dann ist der irgendwann aus dem Fenster gesprungen, das war zwar ungefährlich, im Erdgeschoß, aber ich fand das eine ganz widerliche Szene, und da brach so was in mir, mit dieser Seite, Leute so physisch unter Druck zu setzen oder ihnen Angst zu machen. Und da beschloß ich, nach Hannover zurückzugehen, weil da erst die Sozialwissenschaften aufgebaut wurden, und die völlig überhitzte Atmosphäre, den Ton, den das in Berlin kriegte, die mochte ich nicht.

Während er in die studentische Subkultur problemlos
hineinwuchs, sah er sich durch die politischen Umdeutun-
gen in seinem liberalen Grundverständnis in Frage gestellt.

Ich hab mich immer als ein engagierter Linksliberaler gefühlt, hab sehr viel gelernt aus den Büchern von Dahrendorf, und gemessen an dieser Ausgangssituation war es ein Bruch, was dann an linken und marxistischen Positionen vorgetragen wurde. Kein Bruch waren die ungeheure Liberalisierung der Lebensformen, die subkulturellen Einflüsse, wie die Musik und all das in dieser Wohngemeinschaftszeit. Da war auch nichts zu überwinden oder innerlich kaputtzumachen. Aber gegen diese theoretischen Umdeutungen, die ich dann auch annahm, hab ich mich eine ganze Zeit gewehrt. Ich hatte ja schon mit 19, 20

Jahren eine eigene kleine theoretische Identität – ich war kein unbeschriebenes Blatt mehr. Damit tat ich mich schwerer. Es sind schlichte Gruppengründe, daß ich diese linke theoretische Identität angenommen habe, glaube ich. Ich fand die Leute interessanter, sympathischer, fühlte mich denen mehr zugehörig als den Studenten, die sich schroff von der APO abgrenzten. Dann setzten irgendwann so latente Prozesse ein, wo man etwas übernimmt, sich aber auf der Oberfläche noch dagegen wehrt, so ein bißchen ein Bekehrungsprozeß. Dann sagt man irgendwann, ja, das stimmt, und dann wechselt man peu à peu seine theoretische Identität aus. Das Kernmotiv war ein Zugehörigkeitswunsch. Man wäre bei den Leuten, die ich mochte, immer stärker ausgegrenzt worden, wenn man nicht diese theoretische Gemeinsamkeit mit übernommen hätte. Wenn man es böse interpretiert, ist da auch ein Schuß Konformismus dabei.

Es hatte auf der subkulturellen Ebene nicht dieses Konvertitenhafte, das die Älteren hatten, die sagten – man muß alles hinter sich lassen, man muß aus allem aussteigen, ausbrechen. Da war garnicht so viel auszubrechen. Es war ein Neuanfang – was mache ich. wenn ich anfange zu studieren – und da ergaben sich diese Lebensformen relativ zwanglos, das hatte nicht den Charakter eines Bruches mit der Vergangenheit, das überhaupt nicht.

Es war also auch kein Bruch mit den Vätern, mit der Familie?

Nein, ein Protest gegen die Väter war da nicht dabei. Ich komme aus einem unheimlich liberalen, sozialdemokratisch-bürgerlichen Haushalt. Ich hatte auch nicht das Gefühl, daß da Fragen offen blieben, etwa was die Vergangenheit, den Nationalsozialismus angeht.

Eigentlich war der Grundimpuls, nichts als gegeben hinzunehmen, also z.B. nicht zu sagen: Die Demokratie

besteht aus Bürgern und läuft so und so, sondern soziali-
sationstheoretisch weiterzufragen: Was macht denn die
Bürger, die Menschen so, wie sie sind? Es wurde irgendwann attraktiv, an jedem Partikel der Realität die Frage zu
stellen, wo kommt denn das her, was steckt dahinter. Das
war relativ neu, das haben wir in der Schule nicht gemacht.
Das war ein neuer Denkstil, das fand ich sehr attraktiv.
Der Denkstil hat seine Gefahren, weil er einem das gefähr-
liche Gefühl des dauernden Durchblickens gibt. Man fühlt
sich dann anderen überlegen, die nicht mit Sicherheit sagen können, was dahintersteckt. Die Gefahr war, daß man
mit einer geringen Zahl von Antworten ein ganz schön si-
cheres Weltbild haben konnte. Und das hat in der Umge-
bung, die nicht dazugehört, Überraschung und Verblüf-
fungseffekte ausgelöst. Die konnte man genießen als Legi-
timationsvorteil.

Die Legitimationsfrage – jemanden, der was über Schule erzählte, konntest Du fragen, warum muß es Schule
überhaupt geben. Da war der erstmal platt, weil er es nicht
gewohnt war, auf der grundsätzlichen Ebene zu argumen-
tieren. Und man fragte einen anderen – warum muß es
überhaupt Parteien geben, usw...

*Nach dem Abitur 1967 war er erst im Ersatzdienst – als
er 1969 anfing zu studieren, waren der 2. Juni 1967 und
der Mai 68, die Anti-Springer-Kampagne schon vorbei. Er
hatte kein politischs Erweckungserlebnis.*

Das habe ich alles noch nicht mitgekriegt. Politisiert wurde ich auf der Hochschulebene. Ich wurde dann einer der
führenden Leute in der Fakultät, bei der Studentenvertre-
tung, und bei unserem Hauptarbeitsgebiet, Geschichte, da
habe ich eine Freundesgruppe gefunden. Wir waren recht
aktivistisch, haben dann das Seminar besetzt, Auseinandersetzungen mit der Polizei und all dies. Aber es war nicht so
sehr 'ne Prägung durch die ganz großen gesellschaftlichen

Konflikte. Die prägende Zeit war 70/71, da spielten diese ganz großen Aktionen nicht mehr diese Rolle.

Das Politische ist privat – das Private politisch, war eine Losung der Studentenbewegung. Auch Tom Ziehe wollte das Politische und das Private verändern, aber getrennt voneinander, wenn man seiner heutigen Interpretation – durch die Brille des »Individualisierungsschubs« - traut:

Das war ungeheuer intensiv und gleichzeitig irrwitzig anstrengend. Aber ich hab nicht zu den Leuten gehört, die unsere Lebenspraxis, unsere Wohngemeinschaft, geradezu politisch abgeleitet hätten. Dieser Strang der Lebensstile, den ich mal als subkulturellen Strang bezeichnet habe, der hatte seine eigene Stabilität. Da waren auch Leute bei, die hatten mit Politik nicht viel am Hut, das war uns auch egal, auf der privaten Ebene. Das war auch kein sekundärer Bereich - also, daß erst die politische Arbeit gekommen wäre und dann das Private, das hatte gleiches Gewicht. Nur, da man auf beiden Schienen, der politischen, der hochschulpolitischen und der privaten Ebene alles anders machen wollte, habe ich das als permanente Überlastung empfunden. Ich hab mein ganzes Leben später nie wieder so viel gearbeitet, so wenig geschlafen und auch den Körper so überanstrengt, durch langes Feiern, Nächte durchmachen und schlechten Alkohol trinken, und in Vollversammlungen, ewig viele Gremiensitzungen. Es war eine permanente physische Überanstrengung. Wenn ich mir Fotos von damals anschaue, da sehe ich ungeheuer erschöpft aus. Ich war gerade 22, da bekam ich Herzprobleme, wenn einem die Brust wehtut vor Streß. Es war eine Selbstausbeutung, die war immens. Aber es hat natürlich viel Spaß gemacht, sonst hätten wir es nicht gemacht.

Die Abgrenzung von den Eltern war für ihn kein Problem.

Nein, die haben mir nicht reingeredet, die haben mich auch nicht gedrängt, schnell zu studieren oder so. Die haben mich völlig in Ruhe gelassen. Ich hoffe, ich idealisiere das nicht nachträglich. Die haben auch gemerkt, daß ich fleißig war – bei allen Tumulten.

Fleißig war er in der Studentenbewegung, da hat man ja auch viel gelernt damals...

Die wesentlichen Anschübe kamen von da. Die haben sowohl einen intellektuellen Ehrgeiz geschaffen – man wollte zu denen gehören, die verständlich ..., na, das vielleicht nicht so sehr, aber die anspruchsvoll und überzeugend reden können, man wollte mitreden können bei der Literatur und man wollte die politischen Techniken draufhaben. Versammlungen zu leiten, Geschäftsordnungstricks zu beherrschen. Und allein wenn man im dritten Semester in der Fakultät saß und mitdiskutieren mußte bei Berufungen und Strukturplanungen, das war ein hohes Anspruchsniveau für jemanden, der 21, 22 ist. Insofern war ich sehr fleißig und hab sehr viel gelesen, was von der politischen Ausrichtung her paßte. Das andere wurde links liegen gelassen.

Ich weiß, wie ich im Sommer 71 auf Urlaub verzichtete, weil ich die Einführung in die Ökonomie von Ernest Mandel durcharbeiten wollte. Da bin ich im Juli zuhause geblieben und hab dieses Werk durchgearbeitet. Da staune ich heute nun doch, daß ich das gemacht hab, weil wir ja gleichzeitig diesen hedonistischen Touch hatten.

Thomas Ziehe hatte nicht den Anspruch einer revolutionären Berufspraxis. Die Zukunft jenseits der Hochschule schien weit weg...

Ich wollte eigentlich Lehrer werden. Aber während des Studiums haben wir nicht an Beruf oder so was gedacht. Das, was in fünf Jahren sein würde, war so was von unendlich weit weg, das wäre geradezu peinlich gewesen, darüber nur zu reden. Das kann ich mir nur erklären aus so 'ner bürgerlichen Hintergrundgewißheit, daß einen irgendwas wieder auffängt. Wir haben alle gedacht, wir werden schon was kriegen. Ganz viele haben dann nichts gekriegt, aber erstmal war die Vorstellung da.

Natürlich haben wir große Sachen erzählt, wie Schule sein soll, aber das war nicht so sehr die biografische Vorstellung, wie wird das sein, wenn ich mal Lehrer bin. Ich hatte nie das Gefühl - Du hast die große Aufgabe, an der Veränderung der Gesellschaft mitzuwirken. Ich glaube, das war bei mir mehr Rhetorik. Man hat diese Sprache mitgesprochen und sonst gedacht, ach, mal sehn, was die Zukunft bringt. Und an der Schule, na klar, wir wollten linke Lehrer sein und das besser machen als alle anderen, aber dieser ganz große Anspruch, daß in jedem Partikel der Praxis aufscheinen müßte, daß man alles ganz anders macht – zu denen hab ich nicht gehört. Ich glaub, da war ich dann doch pragmatischer.

Tom Ziehe sieht sich als undogmatischen Linken damals, undogmatisch vor allem in dem Sinne, daß er »diese Ableitungsgeschichten« nicht mitmachen wollte.

Ich hab mich schon als Teil der Bewegung verstanden, fand aber so Ausdrücke wie »revolutionär« eher komisch. Da gab es viele Anleihen bei der Weimarer Linken, die fand ich furchtbar. Ich hab auch nie zu meinen Freunden »Genossen« gesagt. Da hab ich immer das Gefühl gehabt, das sind Kostüme aus der Weimarer Zeit, die die Leute sich borgen. Diese Art von Stallgeruch hab ich nicht mitgemacht, da war ich auch nicht von angezogen. Aber ich war auch nicht das Gegenteil, ich hab mich als Teil davon gefühlt, ich war schon loyal dabei, aber intern sehr kritisch.

Und mit Kollektiv konntest Du mir nicht kommen. Das ist auch geblieben, daß ich meine private Lebensform immer als was eigenes betrachtet habe. Ich hab die nie subsumiert unter den Beruf, würde ich auch heute nicht tun. Ich bin nie aufgegangen mit einer Lebensform in diesen Arbeitsbereichen. Das ist immer ein Stück Distanz, dadurch wird man nicht ganz so heiß.

Tom Ziehe ist nicht Lehrer geworden, mehr aus Zufall, wie er erzählt: Er hatte sich bei der Friedrich-Ebert-Stiftung um ein Stipendium beworben. Sie konnten ihm nur ein Promotionsstipendium anbieten. Und da habe er sich von einem Tag auf den anderen entschlossen:

Da hab ich dann einfach behauptet, ich wäre schon dabei, hätte ein Thema in der Tasche und hab das dann in den nächsten Tagen präsentiert. Dann hab ich promoviert, ohne Examen zu machen. Und in der Prüfung habe ich wohl auf den Oskar Negt so einen Eindruck gemacht, daß er mir dann die Stelle in der wissenschaftlichen Begleitung der Glockseeschule angeboten hat.

Eine glatte akademische Berufskarriere also.

So glatt auch wieder nicht. Bis vor fünf Jahren hatte ich Angst vor Arbeitslosigkeit. Aber irgendwie schafft man es immer. Aber es ist nicht so, daß ich ein Lebensgefühl gehabt hätte – das ist schon alles klar und das läuft.

Mich wundert, wie er mit dieser distanzierten Haltung acht Jahre lang in der Glockseeschule führend gearbeitet hat und dieses Projekt, das mit einem hohen politisch-pädagogischen Anspruch von Oskar Negt gegründet wurde, nach außen repräsentieren konnte.

Bezogen auf den Bereich war ich absolut engagiert und hatte die Vorstellung, daran mitzuwirken, daß man was anderes ausprobiert, aber diese gesellschaftstheoretischen Verlängerungen, die hab ich zwar auf der rhetorischen Ebene vertreten, aber ich glaube nicht, daß das ein Persönlichkeitsmerkmal wurde. Das ging nicht so tief.

Heute denke ich, man müßte eine Alternativpädagogik

entwerfen, die modernitätsfreundlich wäre. Also, unter Modernität verstehe ich, auch Differenzen stehen zu lassen, Unterscheidungen stehen zu lassen. Die Glocksee-schule hat – wie die ganze Studentenbewegung - sehr viel prämoderne Züge, wo die ganzen Arbeitsteilungen der modernen Gesellschaft noch nicht drin enthalten sind. Wir hatten ja noch kein anderes theoretisches Modell – alles was getrennt war, war entfremdet. Du konntest immer nur sagen, was getrennt war, soll wieder zusammen-gehen, und dadurch familialisiert sich Schule in viel zu hohem Maße, während Schule auch eine Institution ist, in einem guten Sinne. – Diese Verachtung der Ausdifferenzierungen, die kann ich überhaupt nicht mehr nachvollziehen. Und ein Lehrer muß selbstverständlich ein Privatleben haben, das muß er sich verbitten, daß er ständig zuhause angerufen wird, das ist doch selbstverständlich. Aber das durfte man nicht laut sagen. Du solltest mit Haut und Haaren dabei sein.

Ich hab immer zu den Leuten gehört, die ein bißchen pragmatischer, ein bißchen kühler über die hochfliegenden Selbstinterpretationen gedacht haben. Ich hab immer ironische Sachen über das Projekt gemacht, was viele überhaupt nicht mochten. Ich hab immer ein bißchen Abstand gelassen und Wert darauf gelegt, alles nicht so 100 % ernst zu nehmen.

Thomas Ziehe hat die aufklärerische Attitüde des kritischen Hinterfragens, des Entlarvens übernommen, die er anfangs beschrieben hat. Aber er hat es vermieden, sich selbst voll und ganz hinter eine Sache zu stellen.

Ideologiekritisch, ja. Ich stand auch dem politischen System nicht so feindlich gegenüber wie die andern. Nun trat ich auch 1972 in die SPD ein, ich hab die SPD gewählt, zu Willy Brandt gehalten. Zur gleichen Zeit hatte ich 'ne Freundin, die fand so 'ne italienische Gruppe das schärfste, die sich nannte – wir wollen alles. Ich fand das absolut pubertär, diese Seite – immer gegen alles sein, aber andererseits habe ich die Identifikation der Leute, die sich an Parteien orientierten, auch nicht mitgemacht.

Aus seiner letzten Wohngemeinschaft ist er schon lange ausgezogen. Das Kollektivistische, das in dieser Lebensform liegt, muß ihm ein Greuel sein. Er hat es überführen können in eine sehr individualisierte Lebensweise.

Zunächst mal habe ich ewig lange in einer Wohngemeinschaft gewohnt - 11 Jahre lang, dann sehr lange die unterschiedlichsten Beziehungsformen ausprobiert und alles dann doch sehr aufgeschoben. Aber schlußendlich macht man es doch wie die Generationen vor einem.

Das kannst Du nicht ewig machen, das wird irgendwann schal und öde, und dann mußt Du auch den Absprung finden, daß man nicht daran hängt und nicht weitermacht, was gar keine Kraft mehr hat. Man kann nicht so weiterleben, als sei man jung. Aber es ist ein Schatz in mir, den ich nie vermissen möchte, und der nachhallt.

Ich hab dann geheiratet, vor fünf Jahren erst, mit 40, ist ja relativ spät. Da bin ich erst mit meiner Frau zusammengezogen, die ich schon vorher sieben, acht Jahre kannte. Bis 40 bin ich Single gewesen von meiner Lebensform, und auch jetzt ist es hoch individualisiert, wie wir zusammenwohnen, von ihr aus und von mir aus. Jeder lebt zur Hälfte für sich. Das wäre für mich schwer vorstellbar ohne die Studentenbewegung.

Auf keinen Fall möchte er aus seiner Lebensgeschichte und seiner heutigen Lebensform, sozusagen der Inkarnation der Individualisierung, eine neue Theorie machen – das würde dem individualistischen Selbstverständnis ja genau widersprechen.

Ich lebe ja nicht 'ne Theorie, und ich lebe nicht 'ne Programmatik. Insofern ist die Lehre, die ich gezogen habe, sehr viel individualisierter: Nicht aus allem ein Modell machen zu wollen, sondern eine Pluralität von Lebensformen stehen zu lassen, und auch 'ne tiefe Skepsis, ob sich Lebensformenelemente überhaupt begründen lassen.

Kurt Holl

Es müssen leider Gottes Regeln verletzt werden, sonst hört keiner auf Dich

von Thomas Jaitner

Kurt Holl wurde 1938 geboren, seit 1955 lebt er in Köln. Politisiert wurde er schon als Schüler: Beeinflußt durch einen Appell von J.P.Sartre gründete er mit Mitschülern 1958 eine Aktionsgemeinschaft Algerien. Nach seinem Abitur studierte er zunächst fünf Semester Theologie in Wuppertal und Heidelberg, danach Französisch und Geschichte in Heidelberg und Köln. Nach dem Staatsexamen 1967 begann er eine Promotion, die er nicht abgeschlossen hat. 1968 stieß er über die Vietnamkampagne zum SDS. 1974 ging er in den Schuldienst, hatte Berufsverbot. Seit 1980 arbeitet er wieder im Schuldienst als Angestellter. Er machte in zahlreichen Initiativen mit, augenblicklich in der Initiative Roma e.V.

Den Weg von Kurt Holl habe ich seit 1969 aus der Ferne verfolgen können. Ich lernte ihn kennen als Organisator meiner ersten Kölner Demonstration, ich war über sein Berufsverbot informiert. Aber uns trennten tiefe ideologische Gräben. In den letzten Jahren wurde er stadtbekannt durch seine Aktivitäten für die in Köln lebenden, hin- und hergeschobenen Roma. Ich merkte, daß sich meine Meinung ihm gegenüber völlig geändert hatte. Ich wollte wissen, warum er immer noch so aktiv ist und warum ich ihn früher so anders gesehen habe. Das Gespräch war kurz,

eingezwängt in den Nachmittag zwischen dem Ende mei-
nes Schulunterrichts und dem Beginn seines Unterrichts
am Abendgymnasium. Ich war zunächst etwas enttäuscht
über die knapp bemessene Zeit, aber ich hatte den Ein-
druck, daß er das Gespräch spannend und interessant fand,
jedenfalls zögerte er seinen Aufbruch in die Schule und da-
mit das Ende des Interviews immer weiter hinaus.

Du bist schon als Schüler in den 50er Jahren politisch aktiv
geworden. Wie bist Du damals dazu gekommen, das war
doch nicht selbstverständlich. Spielte da Dein Vater eine
Rolle?

Mein Vater war im Krieg, er ist Anfang 1942 schon gefallen. Zu Hause hingen die Bilder, meine Mutter sagte immer: »Tapfer sein wie der Pappi im Krieg.« Das Schlüssel-
erlebnis war der Film »Nacht und Nebel« von Alain Res-
nais, da war ich geschockt, da war die Naivität vorbei, die
Kindheit. Der Vater war bei der SS, das war der Punkt.
Das war ein Bruch für mich, ich habe nicht mehr so rum-
gealbert. Meine Mutter hat zwar gesagt, mein Vater hätte
nichts damit zu tun gehabt, aber weiß man das? SS ist ja
doch ein relativ eindeutiger Hinweis, wenn es auch »nur«
die Waffen-SS war.

Das andere war: Ich war im Schwarzwald im Internat
bei der Herrnhuter Brüdergemeinde, demselben Internat,
in dem auch Reiner Langhans war, das ist eine pietistische
Freikirche. Das hat mich sehr geprägt, d.h. es kommt noch
eine sehr stark religiöse Komponente hinzu, nicht im dog-
matischen Sinne, sondern als ein weiterer Bruch, wo klar
ist, daß ich diesen normalen Weg nicht gehen werde. Al-
bert Schweitzer hatte übrigens in Königsfeld, wo ich war,
seinen Sommersitz, ich habe ihn auch noch selber kennengelernt. Das sind die beiden Komponenten, die eine bestimmte Entschlossenheit auslösten, daß man jetzt ein-

greifen muß. Bei mir war das zunächst der Algerienkrieg. Da sagte jemand wie Sartre 1956 oder 1957, das Gewissen Europas ist gefordert, damit nicht wieder so etwas passiert wie bei den Faschisten. Deshalb dachte ich, jetzt muß man eben verhindern, daß wieder so etwas passiert. Mir war der Bruch mit der BRD-Regierung klar, weil die diesen Krieg unterstützte. Es ging also nicht gegen die Franzosen, sondern gegen unsere Regierung, die schon wieder an einem Völkermord beteiligt ist.

Nach Deinem Examen hast Du Kontakt zum SDS bekommen. Hast Du Dich in dieser Zeit auch theoretisch mit Existentialismus oder Marxismus beschäftigt?

Das Bewußtsein, mit dem ich all diese Sachen gemacht habe, blieb immer im Rahmen von Anspruch und Wirklichkeit. Dieser Staat ist angetreten mit dem Anspruch von Freiheit und Demokratie, im Grunde sogar Antifaschismus, aber die Entwicklung, die man schon in den 50er Jahren und erst recht in den 60ern beobachten konnte, deutete eben darauf hin, daß genau das wieder zurückgenommen werden sollte. Nicht zuletzt auch durch solche Kisten wie die alten Nazis, die da plötzlich wieder in den höchsten Staatsämtern waren. Lübke, Kiesinger, Globke. Das war eine solche Dreistigkeit, ich gebe jetzt einfach mal das Feeling wieder, als diese Figuren, die am Völkermord der Nazis beteiligt waren, plötzlich wieder in den höchsten Staatsämtern auftauchten und uns repräsentierten. So ein Motiv war das. Sartre und der Existentialismus waren eine theoretische Absicherung dieses Feelings: Daß es vor allem die Selbstverantwortung ist, die man als freies Individuum hat, die einen dazu zwingt, Stellung in der Situation zu beziehen und sich eben nicht auf Instanzen, vorgegebene Normen, Weltanschauungen zu verlassen. Man mußte immer als Individuum reagieren, sonst kam man sich verlogen vor.

Man konnte nicht das sehen und einfach so weiter machen mit Studium, Beruf oder Verlobung.

Bei mir war das dann auch eine existentielle Wende. Ich wollte nach dem Examen Referendardienst machen und in die Schule. Und meine Braut Sieglinde hatte vorher Examen gemacht. Wir waren verlobt, wir wollten heiraten. Es war alles schon ausgemacht vor der gesamten Verwandtschaft. Ich war dazu einfach nicht mehr fähig. Die Aufhebung der Trennung des Politischen und Privaten habe ich am eigenen Leibe, an der eigenen Seele erlebt und dann auch vollzogen. Ich bin nicht in die Schule gegangen, ich habe auch nicht damit gerechnet, daß das mal realisiert wird, denn man glaubte ja wirklich, man wäre nahe dran, den ganzen Verein von oben bis unten umzukrempeln.

Und der Marxismus?

Ich hatte von Marxismus keine Ahnung. Hier im SDS regierten ja die Traditionalisten, da gab es ein paar wirklich sehr gute Leute, die das Studium des Kapitals, aber auch kleinerer Schriften organisiert haben. Das habe ich mitgemacht. Diese Schulungen befriedigten folgendes Bedürfnis: Die moralische Empörung war klar, und daß daraus die Aktion folgte, war auch klar. Die Marxisten haben nur immer zu Recht betont: Es genügt ja nicht, sich zu empören, idealistisch anzurennen gegen eine schlechte Wirklichkeit. Man mußte untersuchen, wie die Verhältnisse und die Widersprüche sind, wo man ansetzen muß, damit dieser Gegner auch wirklich zu schlagen ist, sage ich jetzt mal etwas sehr großspurig.

Die marxistische Theorie war für mich jedenfalls eine Möglichkeit, eine realistischere Politik zu machen, erstens weil man weiß, warum gibt es überhaupt Imperialismus, warum gibt es einen Widerspruch zwischen Anspruch und Wirklichkeit, und auf der anderen Seite: Wie sieht die ökonomische und politische Realität selber aus, daß sie zu solchen Ergebnissen führt, und wo muß man ansetzen, außer daß man auf den Barrikaden steht, damit man eine Bresche schlagen kann, mit wem zusammen. Aber das ist alles in der Praxis trotz aller Analysen entweder nicht gelungen, oder die Analyse war falsch.

Wie ging es nun mit Deiner Praxis weiter?

Ich hatte ein Stipendium der Studienstiftung des deutschen Volkes. Mit den Vertrauensdozenten hatten wir schon heiße Debatten, ich habe die immer in Diskussionen über den Elfenbeinturm verwickelt. Und statt Wissenschaft in ihrem Sinne zu betreiben, war ich immer auf Vollversammlungen und habe da eine Reihe radikaler Reden geschwungen. Das ging dann Schlag auf Schlag, das kannst Du ja an meinen Ermittlungsverfahren sehen. Ich hatte quasi alles – von der Amtsanmaßung bis zum versuchten Raub... Wir waren ja ziemlich frech. So ein Allmachtsgefühl war das auch. Wir konnten ja machen, was wir wollten.

Ein Philosophieprofessor hat mich in seine Sprechstunde gerufen und gesagt, Herr Holl, ich habe Angst. Wir haben damals den Professoren ein Ultimatum gestellt, bis dann und dann sollten sie das und das unterschreiben, sich solidarisieren gegen die Auflösung der Studentenschaft, für das politische Mandat. Jetzt holte er mich da rein und sagte, er würde gerne alles unterschreiben, aber ich müßte ihm garantieren, daß seiner Frau und seinen Kindern nichts passiert. Ich hätte doch Einfluß. Ich antwortete, wir würden das besprechen, aber hier in Köln hätten wir das schon im Griff, da würde nichts passieren.

Wir dachten, daß die gesellschaftlichen Machtverhältnisse kippen würden, oder daß das ein langer Kampf wird, wo man mit einem Beruf sowieso nichts anfangen kann. Da muß man sich irgendwie durchschlagen.

Wie hast Du denn gemerkt, daß die Machtverhältnisse nicht so einfach zu verändern sind?

Daß der Gegner weitermachen würde, sich durchsetzen würde, das hat mich schon irritiert. Aber schlimmer als das war die Enttäuschung, die Isolierung in der Bevölkerung, das war der Grund, warum man sich zurückzog. Von Arbeitern will ich gar nicht reden, es war die Isolierung in der ganzen Bevölkerung. Dann der Verfall der Bewegung. Das zerfledderte so. Da gerieten dann einige in die Hippie-Geschichten rein, andere in die DKP. DKP und DDR waren für mich 1968 nach der CSSR auch gestorben. In der Mitte war dann so eine Identifikationsmöglichkeit, die Spontis...

Ich war nicht mehr der jüngste, ich war schon über 30. Da machte ich meine Doktorarbeit, ich wollte mich nicht entscheiden. Sie gab mir noch einmal die Möglichkeit, Abstand zu halten und nicht in den Apparat hineinzumüssen. Ich hatte ja auch noch Verfahren laufen. Ende 1973/74 hatte ich nichts im Strafregister, da bin ich in den Schuldienst gegangen und wurde auch tatsächlich angenommen. Ich war auch schon vereidigt, da kam eine Woche nach meiner Einstellung der Brief vom Kultusministerium. Da wurde alles aufgezählt, was ich je angestellt hatte, und angekündigt, daß ich nach Abschluß meiner Referendartätigkeit nicht in den Schuldienst übernommen würde. Da habe ich gesagt, wenn das so ist! Da haben wir die Berufsverbotskampagnen gemacht.

Das heißt, die erste Berufszeit ist eine Verlängerung Deiner politischen Aktivitäten, weniger ein Einlassen auf den Beruf Lehrer?

Nein, das war ja bei mir eins. Der Hauptpunkt war, daß ich mit den Schülern immer eine Verbindung zu den Entwicklungen außerhalb der Schule zu schaffen suchte, sei es zu Vietnam oder zu der staatlichen Repressionspolitik. Das ist eigentlich ganz gut gelungen. Wir hatten eine aktive Gruppe an unserer Schule.

An meiner Schule lief es dann so: Als ich am Ende der Referendarzeit ganz rausfliegen sollte, haben wir noch einmal aufgedreht mit einem Schulstreik, die Bullen haben Schüler gefilzt, haben die Taschen ausgeleert, das war richtig eine gute Demonstration der latenten Gewalt. 1976 bin ich rausgeflogen, ich war dann draußen bis 1980. In einem seltsamen Schwebezustand. Es gab kein Papier, aus dem hervorging, ich wäre rausgeflogen. Die haben immer nur gesagt, wir haben Zweifel, solange können wir Sie nicht übernehmen. Beamtenrechtlich war das abgesichert, es gab auch keine Möglichkeiten, dagegen vorzugehen.

Hat Dich das nicht verändert? Warst Du nicht frustriert?

Ich habe eine echte Krise gehabt am Ende der Referendarzeit. Da bin ich mit dem Notarztwagen in die Klinik gekommen. Wir hatten die Solidaritätsbewegung unter den Schülern, sogar mehr als die Hälfte des Kollegiums und die Eltern unterstützten mich. Damals lief eine große RAF-Geschichte, und obwohl ich nicht im entferntesten eine derartige Entwicklung vermutet hatte, fiel von einem Tag auf den anderen die ganze Bewegung zusammen bis auf eine Reihe von Schülern. Die echten Spontis haben weitergemacht. Ich kam in die Schule und stellte fest, daß da eine Wand zwischen mir und den Kollegen war, die verschwanden um die Ecke, vergruben sich im Lehrerzimmer. Ich war von einem Tag auf den anderen aussätzig. Der Grund war, daß Eltern beim Direktor vorstellig geworden waren und gesagt hatten: Dieser Mann bringt unsere Kinder zur RAF, und das wurde dann im Lehrerzimmer verbreitet. Es war die tierische Angst, daß der Bannfluch des Staates jetzt jeden trifft, der durch seine Opposition zum Staat etwas damit zu tun haben konnte. Das war so schlimm, daß ich das Herzflattern bekam. Da wurde mir der Boden weggezogen. Das war vielleicht das Ende dieses Allmachtsgefühls, das man aus den 60er Jahren hatte: Wenn man es nur schafft, viele Menschen in Bewegung zu bringen, kann man auch etwas erreichen und den Staatsapparat zurückkämpfen. Das war in diesem Moment richtig physisch gestorben, denn ich merkte: Wenn es darauf ankommt, fallen die Leute um.

Das ging so weit, daß die Schüler aus der Berufsverbots-Initiative im Beisein des Vaters zum Direktor bestellt wurden und versprechen mußten, nie mehr mit mir Kontakt zu haben. Sie wurden richtig gebrochen. Das war nicht mehr spaßig. Das war für mich ein Einschnitt, wo ich merkte, wie das ist, wenn man isoliert wird. Da war das Feeling weg: Massenbewegung, eine Woge der gleichen Gesinnung und Aktion. Aber das hat sich seltsamerweise nicht fortgesetzt.

Die Enttäuschung war relativ kurz. Es kam dann die AKW-Bewegung, die internationalistischen Sachen liefen auch weiter. In meinem Selbstverständnis fand ich mich wieder in den neuen Massenbewegungen. Die nannte man dann Ein-Punkt-Bewegungen. Es war nicht mehr die Revolution, aber es waren Bewegungen weit in die Bevölkerung hinein und über das hinaus, was wir je hatten. Jetzt war wieder das ganze Instrumentarium da, das man einsetzen konnte als alter Sponti. Das hat auch etwas gebracht, egal ob man die AKW- oder Friedensbewegung nimmt. Das sieht so aus, als würde ich mir immer etwas Neues suchen, um nicht aus der Übung zu kommen.

Welches Lebensgefühl hast Du denn heute?

Das Hauptfeeling, das ich seit dieser Zeit habe: Wenn man will und die entsprechende Power hat und die entsprechenden Freunde, kann man in diesem Staat so viel durchsetzen, wie man es sich vorher gar nicht erträumte. Der Repressionsapparat ist weit harmloser, als man sich das vorstellt. Das überlebt man alles. Man findet sich mit Leuten zusammen, die das zehnmal aufwiegen. Die Repression ist nicht so schlimm, ich habe das ja rauf und runter ausprobiert.

Was wir begrenzte Regelverletzung genannt haben, darauf setze ich bis heute, und das mache ich auch. Wichtig ist, sich nicht immer erwischen zu lassen, und wenn man sich erwischen läßt, dann haben wir genug anwaltliche und politische Mittel, da wieder rauszukommen, so daß es einem nichts Großes anhat. Nehmen wir die Roma als Beispiel. Ich wundere mich wirklich selber. Wir sind im letzten Dezember mit zwei sieben Meter langen Leitern mit den Roma nach Düsseldorf gefahren, sind mit den Leitern von außen die Staatskanzlei hochgeklettert und haben da unsere Transparente ausgerollt und mit dem Megaphon agitiert. Die waren völlig überrascht, das hat es noch nie gegeben, die Bullen kamen aufgeregt. Wir haben eineinhalb Stunden da oben gestanden, agitiert, da gingen nur die Vorhänge zu. Da gehe ich diese Leiter hoch, ich bin »Staatsdiener«, und besetze den Regierungssitz meines obersten Dingsda. Normalerweise denkst du doch, wenn du jetzt rausfliegst, hast du selber schuld. Aber die werfen dich nicht raus. Du mußt denen natürlich signalisieren, daß wir kein Terrorkommando sind, daß wir das machen, weil es für uns eine Möglichkeit ist, auf diese Weise die Öffentlichkeit zu erreichen. Wir ziehen auch wieder ab, aber erstmal wollen wir diese Sache hier machen. Wir haben im letzten Jahr vier oder fünf solche Sachen gemacht...

Man kann effektiv etwas erreichen, wenn man die Möglichkeiten ausnutzt, die man durch eine geschickte Form der politischen Aktion hat, die Regeln verletzt. Es müssen leider Gottes Regeln verletzt werden, sonst hört keiner auf dich. Das hat dann auch Erfolge. Wir haben 300 Roma hier legalisiert...

Man muß ihnen in die Speichen greifen. Das geht auf kommunaler Ebene. Das sind die klassischen Formen der direkten Aktion, wenn man eine Spontaneität beibehält. Die gebetsmühlenhaften Geschichten, die bei der SPD oder den Gewerkschaften ablaufen mit Resolutionen, Sitzungen und herbeigefahrenen Mitgliedern, die ein Schild hochhalten, sind unwirksam und langweilig.

1968 wurde ja die Einheit von Beruflichem, Politischem und Privatem proklamiert. Ist das bei Dir heute auch so, oder hast Du Deine Nischen, wo Du Dich auch mal zurückziehen kannst?

Ich trenne das schon stärker inzwischen. Die Schule ist mein Job. Das habe ich an der Schule in Köln-Ostheim gelernt, meine Erlebnisse da mit Lehrern kann ich gar nicht alle erzählen. Schule kannst du vergessen. Du kannst die Lehrer vergessen, du kannst die Eltern vergessen und die meisten Schüler auch. Von wegen revolutionärer Berufspraxis. Du reibst Dich an einer völlig falschen Front auf. Das war mein Erlebnis in Ostheim, da habe ich mir gesagt, nicht mehr. Es ging um Roma, ich weiß nicht, ob Du die Geschichte kennst?

Da ging es doch darum, daß auf einer Wiese neben dem Schulgelände Roma ihre Wagen aufbauten und Kinder in der Schule Wasser holten. Das Schulgelände sollte eingezäunt werden?

Solange ich an der Schule war, ist der Zaun nicht gebaut worden, erst als ich weg war. Die Lehrer waren freundlich, die haben zu mir immer nur gesagt, komm, laß das doch. Sie meinten: was soll ich denn da machen, ich bekomme sonst einen schlechten Stundenplan. Da habe ich mir gesagt, das kannst du vergessen, ich reibe mich doch nicht auf. Die einzigen, für die ich das gemacht habe, waren die Schüler. Es ist so schizophren an der Schule. In den Lehrplänen steht ja alles drin, alles 68er Kram, daß man Politik reinbringen muß, Zivilcourage, Minderheiten. Aber wenn es zum Schwur kommt, die Zigeuner sitzen auf der Wiese und die Polizei will sie vertreiben, oder die Nachbarn machen Terror, dann findest du davon nichts mehr.

Was die Lehrer betrifft, bin ich zynisch geworden. Es gibt an jeder Schule ein paar, mit denen ich es gut kann, auch konservative, die moralisch integer sind und das, was sie für vernünftig halten, auch machen. Dieses vage Links- und Fortschrittlich-Sein ist dagegen oft mit einem kruden Opportunismus verbunden. Damit kann ich nichts anfangen. Da mache ich lieber draußen weiter. Auch meine Freunde, meine engsten Freunde, halten mich zwar liebevoll, aber ernsthaft für bekloppt.

Ich mache diese Aktionen überwiegend deswegen, weil ich da von der Vitalität am meisten rausziehe. Du lernst immer wieder neue Leute kennen, du entdeckst mehr in dir, und außerdem ist es nicht langweilig. Ich würde in der Schule eingehen wie eine Primel, wenn ich nur die Alltagsgeschichten hätte.

Rolf Trommershäuser

Die elementarsten Lebensmöglichkeiten wurden infrage gestellt

von Karl-Heinz Heinemann

Rolf Trommershäuser war 1968 in Bochum wissenschaftliche Hilfskraft bei dem evangelischen Theologen Horst-Ekkehard Bahr, der damals an der jungen Universität einen Kristallisationspunkt linker Hochschulöffentlichkeit bildete. Etwa gleichzeitig mit Beginn seines Vikariats in Frankfurt trat er in die DKP ein. Im Unterschied zu anderen linken Theologen beschäftigte er sich weniger mit revolutionärer Theologie als mit einer reformerischen Definition des Berufsbilds des Pfarrers. Er wurde Gemeindepfarrer in Weilmünster im Taunus. Seine DKP-Mitgliedschaft polarisierte die Gemeinde, die Kirchenleitung entließ ihn. Er ließ sich zum Sozialarbeiter umschulen. Nach einem Intermezzo als Geschäftsführer eines größeren Heimträgers betreibt er heute selbst mehrere Einrichtungen für geistig Behinderte. Er beschäftigt dort 23 Angestellte. Ich besuche ihn in einem seiner Heime in einem kleinen Westerwalddorf – einem ehemaligen Bauernhaus mitten im Dorf, von außen nicht als Heim erkennbar. Ich komme gerade zum Mittagessen, es herrscht eine familiäre, aufgeräumte Atmosphäre, Rolf Trommershäuser ist dort eine unangefochtene Autorität.

Wie Lutz von Werder war er Mitte der 60er Jahre in einem

Seminar der evangelischen Kirche in Chicago. Dort nahm er teil an der Bürgerrechtsbewegung von Martin Luther King und der Anti-Vietnambewegung.

In Chicago konnte man nur sagen 'Ich bin Kommunist', wenn man seine Ehre behalten wollte. Das war schon beeindruckend in negativer Weise, wie schrecklich diese Gesellschaft war, in USA. Und gleichzeitig war beeindruckend, daß es eine ganz andere, gesellschaftskritische, antikapitalistische Bewegung aus der amerikanischen Tradition gab.

Natürlich beschäftigte er sich auch mit Theologie und Kirche. Die patriotisch-pazifistischen Positionen von Gollwitzer und Niemöller imponierten ihm, dann die Industriepfarrer. In einer evangelischen Akademie stieß er auf die Frühschriften von Karl Marx.

Auf eine merkwürdige Weise faszinierten ihn, der damals im SHB engagiert war, Funktionäre aus der DDR, mit denen er in Kontakt kam.

Die Typen, die einem in der DDR begegneten, waren andere Leute, die waren engagiert, die wollten was, waren beseelt vom revolutionären Geist, die schafften von morgens bis abends, die wirkten durch und durch integer, von Korruption konnte man überhaupt nichts sehen.

Engagiert, sozial, integer – so, wie Rolf Trommershäuser die SED-Funktionäre erlebte, stellte er sich eigentlich den idealen Pfarrer vor. Die Faszination der DDR, so sagt er heute, hatte

zu tun mit meiner bürgerlich geprägten Aversion gegen die Dekadenz der Moderne. Die DDR Anfang der 60er Jahre wirkte als unbestelltes Feld. Man sah die Möglichkeit, noch alles anders zu machen. Das westliche System, da konnte man sich kaum noch vorstellen, wie dieser ganze Mist nochmal umgebogen werden sollte. Aber in der DDR waren eben noch keine Autos, die Häuser waren verfallen, man konnte sie noch neu bauen.

So wurde Rolf Trommershäuser, der Theologiestudent, nach verschlungenen Wegen durch linke Hochschulgruppen, Mitglied der DKP. Obwohl er sich offen als Kommunist bekannte, hielt er daran fest, Pfarrer zu werden - darin sah er ein für sich befriedigendes Praxisfeld.

Wir haben die Kirche als eine Dienstleistungsorganisation begriffen, die gesellschaftliche Funktionen in der undemokratischen Besitznahme von religiösen Gruppen ausführt, und haben diese gesellschaftlich bedeutsamen Dienstleistungen als Grundlage für eine systematische berufliche Praxis gesehen. Ich hab damals gesagt – die Sozialarbeiter haben die Ausbildung und die Pfarrer besetzen ihr Berufsfeld.

Nach einer kurzen Zeit als Pfarrer in Weilmünster, einer hessischen Landgemeinde, wurde er aus dem Kirchendienst entlassen. Es folgte ein ständiger Kampf um die Sicherung der eigenen Existenz.

Die Jahre von 1970 bis 78 sind entweder gekennzeichnet durch relativ kurzfristige berufliche Tätigkeiten, in denen ich mich ständig legitimieren mußte, daß ich überhaupt da bin. Nach den Kriterien des Systems war ich ja ausreichend legitimiert für meinen Beruf, aber das hat nicht ausgereicht – gute Ausbildungsnoten und unbescholtener Charakter, das spielte ja keine Rolle. Sondern man mußte sich ja nochmal legitimieren, weil man ja eine angeblich falsche Einstellung zu der ganzen Geschichte mitbrachte. Und das täglich von morgens bis abends in der Angst, daß man, wenn man dann ein falsches Wort sagt, sofort entlassen wird. Und als dann meine erste Entlassung erfolgte, mein erstes Berufsverbot, ging es immer so weiter, jahrelang. Ich hab das also nicht nur einmal erlebt, mir ist es noch drei-, viermal passiert, daß ich 'ne Einstellung bekommen hab, die vier Wochen später wieder erledigt war. Wir bekamen nicht mal 'ne Mietwohnung in dem Bereich, wo wir lebten. Wenn man hörte, wer wir waren, gabs keine Wohnung mehr zu vermieten...

Das ging so weit, daß unsere fünfjährige Tochter damals nicht in einen Judoverein aufgenommen wurde. Man kann sich das gar nicht mehr vorstellen. Es wurden einem die elementarsten Lebensmöglichkeiten als normaler Bürger dieses Staates infrage gestellt. Und das steigerte sich noch mit der Terrorismuspsychose. Ich hab 'ne Hausdurchsuchung im Haus gehabt mit 14 Polizisten, obwohl ich wirklich überhaupt nichts mit der ganzen Geschichte zu tun hatte. Und obwohl es auch, das hab ich später erfahren, noch nicht mal für die Fahndungsbehörden einen Verdacht gegen meine Person gab. Die war auf 'nen anonymen Anruf meiner Nachbarn erfolgt, es war unglaublich, was das für 'ne verrücke Zeit war. Und alle diese Prozesse führten dazu, daß sich elementarste Lebensmöglichkeiten als eingeschränkt darstellten.

Zu Ende war dieser Kampf um die Existenzsicherung, als er schließlich 1978 eine Anstellung als Geschäftsführer eines privaten Heimträgers bekam.

Dieser Kampf um berufliche Tätigkeitsfelder, um das Existenz- und Bleiberecht ist nicht durch einen erfolgreichen Kampf überwunden worden, sondern der ist einfach biologisch an ein Etappenziel gekommen. Es ging los, als der erste von meinen schlimmsten Feinden plötzlich einen Schlaganfall bekam, von da ab war der aus dem Verkehr gezogen. Und so kam einer nach dem andern: Dann starb der Kirchenvorstandsvorsitzende, dann der Schulrat, und der hat seinen Herzinfarkt gekriegt. Und in dem Augenblick, wo die ausschieden, in dem Augenblick hat sich das Leben normalisiert.

Daraus folgt also, ich kann aus meinem Leben nicht nachweisen, daß es irgendwo gelungen wäre, aufgrund politischer Energie einen von unseren Gegnern zu überwinden. Sondern die sind gestorben und die sind alt geworden, und in dem Augenblick wurde unser Leben ruhiger und freier.

Doch damals, so schätzt er heute ein, habe man sich als Sieger in einem politischen Kampf gefühlt – eine Verkennung der Wirklichkeit, an der nicht zuletzt der Staat mit seinen massiven Abwehrreaktionen schuld war.

Als Habermas den Bruch vollzogen hat mit den Linken im SDS, hat er in der Auseinandersetzung mit dem Krahl in Frankfurt gesagt, die aufmüpfigen Studenten verwechseln Symbol und Wirklichkeit. Das ist die klassische Form der Schizophrenie. Nun ist das zwar nicht so einfach mit der Schizophrenie. Aber das Problem, die Verwechslung von Symbol und Wirklichkeit, das hat er an dem Beispiel der Besetzung des Rektorats richtig gekennzeichnet. Da besetzen die Studenten das Rektorat und meinen, sie hätten die Universität im Griff. Der Krahl hat ihm im Prinzip recht gegeben, nur, sagt er, der Auslöser für die Verwechslung von Symbol und Wirklichkeit sind die, die hundert Mann Polizei holen, um 20 Studenten aus dem Rektorat herauszuholen. Die haben das Symbol mit der Wirklichkeit verwechselt. D.h., Krahl hat darauf hingewiesen, daß die ganze Auseinandersetzung stark psychotische Züge trug, daß bereits die Reaktion auf die kritischen Bewegungen psychotisch war.

Das stimmt – ich glaub schon, daß wir damals Revolution und Reformen in dieser Dialektik bedingt durch die psychotisch-hysterische Reaktion unseres Gegenübers verwechselt haben. Wir haben viele Dinge als revolutionär dargestellt, die in Wirklichkeit mit Revolution nichts zu tun hatten. Und diese psychotischen Strukturen und das Gefangensein darin, das empfinde ich als die enttäuschendste, schmerzlichste und bedauernswerteste Phase meines Lebens und von allen von uns.

Diese Phase war erst zuende, als die Terrorismus-Psychose abklang, das war ja wohl, nachdem dieses Flugzeug in Mogadischu gestürmt war. Bis dahin war es sehr schwer, 'ne realistische Orientierung für die eigenen beruflichen und politischen Schwierigkeiten zu bekommen.

Vor ein paar Jahren hat Dregger mal gesagt – wir müssen ein Auge auf die DKP werfen. Die Kommunisten, die mit der DDR sich verbinden, das sind die gefährlichsten Leute für unser System. Die hielt er für in der Lage, das ganze System auf den Kopf zu stellen. Aus heutiger Sicht kann man sich ja mal überlegen, was das für ein psychotischer Mensch war, aber das Schlimmste war, man hat sich ja als Kommunist an solchen Sätzen aufgegeilt. Man fand das ja gut, was der Dregger gesagt hat, das hat man ja von sich selbst nicht geglaubt, was der Dregger uns da unterstellt hat. Und so hat diese hysterisch-psychotische Reaktion auf uns Linke von seiten der Rechten, der Herrschenden, dazu geführt, daß wir unsere Probleme in der falschen Richtung überbetont haben...

Haben sich nicht doch seine Lebensziele erheblich verändert - nicht mehr um eine revolutionäre Veränderung wird gekämpft, sondern um die Anerkennung in der Berufswelt, um den Kindergartenplatz, um den Kauf eines Hauses?

Im Nachhinein muß man sagen – wir haben die ganze Zeit finanziell ganz gut gelebt. Es ist an keinem einzigen Punkt das eingetreten, wovor ich ständig Angst gehabt habe, nämlich die Vernichtung der bürgerlichen Existenz. Aber trotzdem ist mir diese Zeit in Erinnerung als eine ständige Angst davor und immer neue Anstrengung, die existenziellen Grundlagen zu erhalten und zu verteidigen. Und zwar in dem elementaren Sinne, daß es darum ging, 'ne Wohnung zu haben, einen Kindergartenplatz für die Kinder, daß keine Sippenhaftung auf die Ehefrau genommen wurde – und natürlich auch um die gesellschaftlichen Beziehungen, die man in der Freizeit hatte, all diese Dinge waren in diesen Jahren bedroht.

Das hat zunächst inhaltlich wirklich nichts mit revolutionärer Praxis zu tun. Die Erfolge in diesem Punkt – die haben wir dann oft als Erfolge dargestellt -, also, wenn es uns gelungen war, als Kommunist irgendwo 'ne normale Existenz zu führen, dann waren wir der Meinung, dem Sozialismus sei ein Stück weiter verholfen worden. Das war 'ne Täuschung. Das gehört zu den psychotischen Strukturen

Schließlich hat er den Kampf um die Anerkennung in der bürgerlichen Gesellschaft mit deren eigenen Mitteln gewonnen: Er ist inzwischen Eigentümer von zwei Einrichtungen für geistig Behinderte, in denen er über 20 Leute beschäftigt. Er spricht lieber darüber, wie er sich seinen Platz im regionalen Gesundheitssystem erkämpft hat, als über Möglichkeiten, die Betreuung psychisch Kranker grundlegend zu verändern.

Als entscheidende Motivation ist das Interesse geblieben, in einem Tätigkeitsfeld was zu gestalten, was zu machen. Und das ist in 'nem kleinen Rahmen möglich, als kleiner mittelständischer Unternehmer verfüge ich über die Freiheit, in meinem individuellen Aktionskreis weitgehend selbstbestimmt zu leben. Aber dabei bleibt es erstmal. Legt man meine damalige Konzeption für das Pfarramt zugrunde, dann mach ich jetzt nichts anderes als einen Teilaspekt der damals konzipierten pfarramtlichen Praxis.

Nein, es ist ihm nicht gleichgültig, ob er nun einen Bäkkereibetrieb unterhält oder eine Einrichtung für geistig Behinderte. Er nutzt seinen Freiraum auch, um in den Lücken der Vorschriften für seine Patienten optimale Betreuungsmöglichkeiten zu schaffen.

Mit den Möglichkeiten einer kleinen Einrichtung als mittelständischer Unternehmer mach ich hier vieles anders, als es früher gemacht wurde. Das hat natürlich nichts mit Revolution zu tun, aber einen reformerischen Aspekt habe ich hier.

Rolf Trommershäuser wehrt sich gegen das Mißverständnis, er habe sich in eine Nische, in einen Freiraum am Rande zurückgezogen.

Das ist keine Nische. Ich hab einen spezialisierten Betrieb. Meine Einrichtung ist eine Spezialeinrichtung für chronifiziert psychisch Kranke. Du kannst auf deine Kappe etwas bewirken, was du in größeren gesellschaftlichen Zusammenhängen nicht bewirken könntest.

Diese größeren gesellschaftlichen Zusammenhänge fehlen ihm heute. Während er seine persönliche Situation als konsolidiert ansieht, sieht er politisch ein Durcheinander und Aufbruch.

Und was ich bedaure ist, daß es zur Zeit kein Forum gibt und keine organisatorischen Bereiche, in denen man die konkreten Erfahrungen in einem solchen Bereich gesellschaftspolitisch verallgemeinern kann. Das wäre dann wieder die Verallgemeinerung der konkreten Tätigkeit, die ich hier in meinem Bereich mache, die wäre dann wieder eine radikale marxistisch-sozialistische Kritik an dieser Gesellschaft.

Herbert Stubenrauch

Ich hab da meine kleine Schubkarre, und mit der fahr ich soviel weg, wie ich schaffen kann

von Karl-Heinz Heinemann

Herbert Stubenrauch ist heute 55. Mit 23 Jahren wurde er Hauptschullehrer in Wuppertal, war verheiratet und hatte ein Kind. In den frühen 60er Jahren war er Kriegsdienstverweigerer und Aktivist beim Ostermarsch. Aufgrund seiner Ostermarschaktivitäten wurde er damals aus dem Schuldienst entlassen. Er ging nach Hessen, studierte noch einmal, promovierte und wurde einer der führenden Köpfe der Gesamtschulbewegung. Mitte der 70er Jahre stieg er aus. Er unterstützte die Gründung der Freien Schule Frankfurt und arbeitete freischaffend als Lehrbeauftragter und Autor. Inzwischen hat er sich zum Psychotherapeuten auf gestalttheoretischer Grundlage weitergebildet.

Ich bin ein Kriegskind und habe in den 50er Jahren gemerkt, wieviel von meiner Elterngeneration verschwiegen worden ist. Ich habe mich dann mit Büchern über den Nationalsozialismus beschäftigt und habe festgestellt, wieviel da verschwiegen worden ist von den ganzen Verbrechen. Schließlich habe ich den Kriegsdienst verweigert. Ausgangspukt war die Debatte über die Wiederbewaffnung, wo ich selber zu den ersten wehrpflichtigen Jahrgängen gehörte.

Sein Vater war das Musterbeispiel eines preußischen Be-

amten, ein Postmeister – bei der Entnazifizierung wurde er als Mitläufer eingestuft.

Es war nicht so sehr die persönliche Schuld, die ich meinem Vater angelastet habe, sondern es war mehr mein Kampf dagegen, das Unausgesprochene zum Sprechen zu bringen. Diese Mauer des Schweigens zu durchbrechen, für die meine Elterngeneration Symbol war.

Ich bin 61 Lehrer geworden. Ich hatte eine Familie, ich mußte arbeiten, ich konnte mir nicht den Luxus eines gründlichen Studiums erlauben. Und wurde in sehr jungen Jahren, ich war 24, Vorsitzender des Verbandes der Kriegsdienstverweigerer. Das war 1963.

Gleichzeitig kam ich in Kontakt mit akademischen Lehrern wie Renate Riemeck und Johannes Harder und wurde dann in diese gesamte politische Diskussion verwickelt. Wir gründeten in Wuppertal eine Gruppe des SDS.

Herbert Stubenrauch war Sprecher des Ostermarsch West und im zentralen Ausschuß des Ostermarsches, »gleichsam in der Bestellung des Ackers, auf dem die Studentenbewegung ihre Früchte gezogen hat, war ich sehr engagiert.«

Das politische Engagement bezog sich auf die unerträgliche Zumutung, gerade in Deutschland wieder aufzurüsten, den Atomkrieg vorzubereiten, und es war, wenn ich es so im Rückblick sehe, eine Mischung aus ungeheurer moralisch-ethischer Empörung und dem Gefühl von absoluter Minderheit.

Da waren alle, die den Begriff Sozialismus in den Mund nahmen oder so was wie zivilen Ungehorsam propagierten, Staatsfeinde, Verfolgte. In dieser Situation, Minderheit zu sein und verfolgt zu sein, konnte ich mich und meine Freunde identifizieren mit den wenigen, die während des Faschismus Widerstand geleistet haben. Z.B. ist meine gute Bekannte Ulrike Meinhof nicht zu verstehen, auch nicht in ihrem tragischen Weg, wenn man nicht weiß, wie sehr sie sich mit Sophie Scholl identifiziert hat.

1965 wurde Herbert Stubenrauch aufgrund seines Ostermarsch-Engagements im damals CDU-regierten Nordrhein-Westfalen vom Dienst suspendiert - ein vorzeitiges Opfer des Berufsverbots.

Im Sommer 65 bekam ich ein Schreiben vom Regierungspräsidenten Düsseldorf auf den Tisch, in dem mir mitgeteilt wurde, daß ich mich in meinen Aktivitäten beim Ostermarsch in Düsseldorf entgegen meiner Beamtenpflicht verhalten hätte. Ich sei mit sofortiger Wirkung vom Dienst suspendiert und zurückgestuft auf ein Drittel meiner Bezüge. Es ging damals darum, daß das Innenministerium 80 Engländern die Einreise verbot und es daraufhin große Tumulte gab am Düsseldorfer Flughafen.

Stubenrauch ging als politischer Flüchtling, wie er sagt, nach Hessen. Persönliche Verbindungen halfen ihm. Renate Schütte, die Tochter des damaligen Kultusministers, kannte er aus dem Studium. Sie wurde seine zweite Frau. In Frankfurt wurde er einer der ersten und führenden Aktivisten der Gesamtschulbewegung. Er wurde didaktischer Leiter der Ernst-Reuter-Schule in Frankfurt, dem Produkt einer eigentümlichen Mischung von sozialdemokratisch-technokratischer Schulreform und sozialistischen Impulsen in der Lehrerschaft.

Wir nannten das technokratische Schulreform. Wir, das war ein kleines Häuflein von Lehrerinnen und Lehrern meiner Generation, wir waren damals so Ende 20, Anfang 30, und wir sahen in der von den Sozialdemokraten und den Gewerkschaften eingeleiteten Schulreform einen Hebel gesellschaftlicher Veränderungen. Und Gesellschaftsveränderung bedeutete vor allem, die Zurichtung autoritärer Charakterstrukturen zu verhindern. Damals waren wir noch so blauäugig und dachten, man könne das durch eine öffentliche Schule. Wir konnten natürlich dafür sorgen, daß das vorhandene Unglück nicht weiter verbreitet wird, aber man kann keinen neuen Menschen in der Schule produzieren - das sage ich heute.

Die Verbindung von Gesellschaftsanalyse, Familiensoziologie und Psychoanalyse war eine Säule dieses Gebäudes, das wir zu bauen versuchten, die andere Säule war, mit dem Mittel der Schule zu verhindern, daß der soziale Erbgang der Gesellschaft weitergeht. D.h., daß die reichen Kinder über das Verteilungsinstrument Schule wieder ihre Positionen kriegen und die Armen ewig dazu verdammt sind, arm zu bleiben. Wir haben Gesamtschule vor allem als eine Chance gesehen, den sozialen Erbgang, wenn nicht aufzuhalten, so doch ein bißchen offener zu machen.

Neben den nächtelangen Diskussionen um die pädagogischen und didaktischen Konzepte, der aufreibenden Arbeit in der Schule nahm Stubenrauch auch an der politischen Bewegung teil, deren Hauptschauplätze zwischen dem Beethovenplatz und der Jügelstraße an der Frankfurter Uni angesiedelt waren.

Am 18. Februar 68 waren wir mit ein paar Kollegen nach Berlin gefahren zu der Anti-Vietnam-Demonstration und kamen zurück von Berlin in einer langen Nachtfahrt im R4 und haben auf dieser langen Nachtfahrt beschlossen: Morgen werden wir in Frankfurt einen sozialistischen Lehrerbund gründen. Weil wir motiviert und aufgeregt waren durch diese ganzen Ereignisse. Wir haben gesagt, wir müssen in unserm Feld, in unserem privaten und beruflichen Feld, die langfristigen und großen politischen Ziele zu verwirklichen suchen. Das war die zentrale Klammer. Wir haben nicht gedacht, wir müssen jetzt in 'ne Partei eintreten. Aber andere Kollegen sind in die damals gegründeten K-Gruppen oder die SPD eingetreten.

Das war nicht unser Ansatz. Sondern wir haben diesen im sozialistischen Büro repräsentierten Arbeitsfeldansatz.

Jeder kann am Projekt der Veränderung der Gesellschaft dort arbeiten, wo er seinen Arbeitsplatz hat und seinen Alltag verbringt. Das heißt, anders leben, anders arbeiten, anders wohnen, anders lieben. Es war 'ne sehr enge und deshalb so aufregende Verbindung von privatem und politischem Engagement.

An der Schule gab es Ärger – die Demokratievorstellungen der sozialistischen Lehrer gingen dem Dienstherrn zu weit. Druck von oben und die Unmöglichkeit, die Probleme einer sozial heterogenen Satellitenstadt in einer Mammutschule bewältigen zu können, ließen ihn an seinem erzieherischen Optimismus zweifeln.

Ich hab lange Jahre in meinem Dienstzimmer in der Ernst-Reuter-Schule ein kleines Plakat hängen gehabt, da stand ein Ausspruch von Karl Liebknecht drauf: »Die Schule ist ein Instrument der Befreiung oder der Knechtung, je nach Art der Gesellschaft«. Wir waren blind in der Überschätzung der Möglichkeiten, über das Mittel der Erziehung die gesellschaftlichen Verhältnisse zu ändern. Aber wir waren gleichzeitig unheimlich optimistisch, daß durch Engagement und durch Ausprobieren und Öffnen von Freiräumen, durch Förderung von Benachteiligten ein Bewegungsschub zu ermöglichen ist.

Interessant ist für mich selber, daß ich damals schon so eine innere Spaltung gespürt habe. Ich habe schon sehr früh gemerkt - diese Schulreform ist nicht radikal genug.

Stubenrauch beteiligte sich – zusammen mit seiner Frau – an der Gründung einer privaten Alternativschule, der Freien Schule Frankfurt.

In diesem Spagat, auf der einen Seite für das Vorantreiben der staatlichen Schulreform zu arbeiten, auf der anderen Seite aber solchen radikalen Ansatz wie Freie Schule

Frankfurt zu vertreten, an diesem Spagat habe ich mich ganz schön abarbeiten müssen, bis ich es nicht mehr ausgehalten habe und dann eben in den 70er Jahren aus dem statlichen Schuldienst ausgeschieden bin.

Und das ist auch das Eigentümliche, daß sich diese Reformbewegung sehr schnell bis zur Unkenntlichkeit vermischt hat mit dem, was wir damals technokratische Schulreform nannten, nämlich die aus Amerika rüberkommende Modernisierung. Mit dem Reformschub der 70er Jahre ist gleichzeitig die Herstellung von Bildung als großindustrielles Projekt gekommen.

Plötzlich wurde der Reformfraktion die Mahlzeit zu heiß, die sie selber mitgekocht hatte. Das war ein erster Schock, als die Überprüfungsverfahren anfingen. Das war an der Ernst-Reuter-Schule einer meiner Anlässe, unter vielen, daß ich dann die Sachen hingeschmissen hab, weil nämlich zwei Kolleginnen rausgeschmissen wurden, weil sie Mitglied der DKP waren. Das ist ein Beispiel dafür, daß sich die Gesellschaft als viel beharrender und viel mächtiger erwies als unser z.T. idealistischer Versuch, die Verhältnisse zum Tanzen zu zwingen.

Die große Frustration im deutschen Herbst der 70er Jahre also –

Diese Enttäuschung und Resignation ist nicht zu übersehen, die teile ich mit vielen Weggefährten. Die hat damit zu tun, daß wir unrealistisch unsere Ziele zu hoch gesteckt und die reale Macht der gesellschaftlichen Verhältnisse zu gering geschätzt hatten, also einfach mit 'nem getrübten Realitätsblick. Aber andererseits denke ich auch, hat mir das sehr gut getan, ich bin seit der Zeit bescheidener geworden. Ich will nicht mehr den ganzen Dreck der Welt wegschaffen – als Anspruch. Und man sieht ja auch, wie diese großen Heilsprogramme, die es in der Welt gegeben hat, mit diesem Anspruch gescheitert sind. Sondern, ich hab da irgendwo eine gelassenere Haltung gewonnen. Ich sag mir, ich hab da meine kleine Schubkarre, und mit der fahr ich soviel weg, wie ich schaffen kann, und das tue ich mit Anstand und Würde.

So führte sein Weg von der Ostermarschbewegung über die Gesamtschule und die Freie Schule zunächst in eine freischwebende Existenz mit Lehraufträgen und Bücherschreiben, schließlich zur Psychotherapieausbildung und zur therapeutischen Praxis. Die Schubkarren für den Dreck der Welt sind immer kleiner geworden...

Ja, so könnte ich selber meine berufliche Laufbahn der letzten 35 Jahre charakterisieren. Ich bin von der Makroebene zur Mikroebene gekommen, von der Bühne zum Zimmer, wo ich mich mit einer kranken Seele beschäftige und versuche, als Therapeut, als der ich jetzt tätig bin, aufs Detail zu schauen, auf das Subjekt zu schauen und mit dem gemeinsam zu überlegen, was zu tun ist, um ein bißchen glücklicher zu leben.

Und was ist geblieben von der Nacht im R4, den politischen Ansprüchen von 68?

Alle! Nur, die Hoffnung, daß sie sich noch in meiner Lebzeit umsetzen lassen, ist geringer geworden. Es braucht ja nicht viel Erklärung, um zu sehen, wie in den letzten vier Jahren die ganze Welt sich verändert hat, ja, das zu sehen, heißt ja nicht, zu verleugnen, daß sich sehr vieles ändern muß.

Anders arbeiten, anders leben, anders lieben, das war der Anspruch von 68. Heute lebt Herbert Stubenrauch mit seiner Lebensgefährtin zusammen in einer schönen Frankfurter Altbauwohnung – also auch wieder zurück im Hafen der Kleinfamilie.

Die Eigentumsverhältnisse haben sich nicht verändert. Aber wir haben, es war eine kleine Minderheit, wir haben so was wie 'ne kulturelle Revolution gemacht. Wir haben verkrustete Strukturen aufbrechen helfen, was, man glaubt es kaum, eminente Wellen in der Gesellschaft seit 68 hervorgerufen hat, z.B. sind ein Kindergarten oder eine Grundschule heute nicht mehr solche der 60er Jahre. Und das wäre alles unvorstellbar, wenn es nicht diese radikalen Modelle gegeben hätte.

Monika Seifert
Diese Wiederholungen zu durchbrechen, individuell und politisch, dazu muß eine Veränderung in der Situation von Kindern kommen

von Karl-Heinz Heinemann

In den rituellen allwöchentlichen SDS-MVs im Walter-Kolb-Heim in Frankfurt gehörte Monika Seifert zu denjenigen, die um den Tisch in der Mitte saßen und redeten. Sie war Mitte dreißig, für mich damals eine andere Generation, zudem hatte sie mit Mann und Kind ganz andere Lebensbedingungen. Der Kinderladen in der Eschersheimer Landstraße, das war für mich ein viel fremderes Thema als der Krieg in Vietnam oder die Notstandsgesetze, mit denen sich ihr Mann, der Staatsrechtler Jürgen Seifert, auseinandersetzte. Ich wußte, daß das Ganze irgendwie mit Wilhelm Reich und der sexuellen Befreiung zusammenhing, und das war mir unheimlich. Ich beschäftigte mich lieber mit der Wertformanalyse im Kapital. Bei der vorbereitenden Lektüre für dieses Gespräch hatte ich mich vor allem an ihrer These von 1970 festgebissen, daß die Idee, den Kindern Grenzen zu setzen, völlig überholt sei – sie stamme aus der Zeit des Mangels, doch inzwischen lebten wir in der Überflußgesellschaft.

Ich war dann überrascht darüber, wie selbstverständlich und »normal« die Realität des Kinderladens und der antiautoritären Erziehung sich für sie heute darstellt, ganz anders, als ich die damals mit viel theoretischem Pathos

und wohl auch in bürgerschreckender Absicht vorgetrage-
nen Konzepte und Praxisberichte wahrgenommen hatte.
1968 hatte ich Angst, daß ich den Ansprüchen in der Praxis
niemals gerecht werden könnte, meine autoritäre Charak-
terstruktur und die habituelle Unterdrückung meiner Se-
xualität zu überwinden. Erst in diesem Gespräch wurde
mir klar, daß auch für Monika Seifert und den Zirkel der
»Alt-68er« ein durchaus lebbarer Widerspruch zwischen
Theorie und eigener Lebenspraxis besteht.

Monika Seifert ist 1932 geboren. Ihre Eltern waren die
Psychoanalytiker Melitta und Alexander Mitscherlich. Sie
trägt sichtbare Spuren ihrer Kinderlähmung, an deren Fol-
gen sie leidet; sie kann kaum noch arbeiten. Vorher war sie
als Familientherapeutin und Supervisorin in Kindergärten
und anderen sozialen Einrichtungen tätig.

Ich weiß nicht, wie sie sich inzwischen entwickelt hat und
wie sie über 68 denkt. Deswegen frage ich zunächst, ob sie
sich selbst als 68erin sieht.

Nein, da war ich ja schon eine erwachsene Frau, mit
Mann und Kind. Jürgen sagt immer, wir sind eigentlich
58er, wir hatten unsere politische Sozialisation in den
fünfziger Jahren.

1956 begann sie als zweiten Bildungsweg ihr Studium
an der Hochschule für Arbeit, Wirtschaft und Politik in
Wilhelmshaven. Sie trat damals sofort in den SDS ein.

Wie ich da reingekommen bin? Das klingt zwar sehr
komisch, aber ich war Sozialistin vom Charakter, von der
Seele. Ich hab gearbeitet vorher; und gleich an meiner ersten Arbeitsstelle ging es so ungerecht zu, ich wurde so
schrecklich schikaniert, daß ich zum Schluß einen Ar-
beitsgerichtsprozeß gemacht habe. Den hab ich sogar gewonnen. Da wurde mir klar, wie die Welt so organisiert
ist.

Ich bin ja noch in der Nazizeit großgeworden. Meine Eltern waren Antifaschisten, und das hab ich auch damals schon gewußt. Meine Mutter hatte mir alles erzählt, sie hatte keine Angst, daß ich das weitererzählen würde.

Gibt es einen autobiografischen Anlaß dafür, daß sie sich mit antiautoritärer Erziehung beschäftigt hat? War sie Opfer autoritärer Eltern?

Gemessen an anderen Leuten bestimmt nicht. Meine Eltern waren geschieden, meine Mutter war allein mit drei Kindern. Sie war Ärztin und im Krieg. Wie man sich vorstellen kann, hat sie unheimlich viel arbeiten müssen. Meine Eltern waren schon auch mal kurz, da gab es eine geknallt, bevor sie einen gefragt hatten. Eine aufgeklärte Erziehung praktizierten sie nicht. Aber sie waren so sehr mit sich beschäftigt, es war nicht so eng wie in normalen Familien.

Ich hab mich immer mit den Kindermädchen angelegt, die wir hatten. Die hatten Respekt vor mir, ich konnte so wütend werden. Ich hatte ja die Kinderlähmung, als ich sechs war, und so kam noch dazu, daß ich bestimmte »Privilegien« hatte, weil ich bestimmte Sachen nicht machen durfte, z.B. in die Schule gehen durfte ich lange nicht.

Und durch die Komplizenschaft meiner Mutter mit mir in der Nazizeit war ich relativ brav. Ich hab ein Buch nach dem anderen gelesen, das war das höchste für mich, ich war sehr zurückgezogen. Und Völkerball spielen, das waren die tollen Sachen meiner Kindheit.

Und der Vater – wenn er nicht autoritär war, so doch zumindest eine Autorität?

Der war ja nicht da, den gab es nur ab und zu als Besuch. Er war dann auch eine Zeitlang in der Emigration und dann im Gefängnis.

In der Nachkriegszeit war er dann eine Autorität. Politisch fand ich ihn auch toll. Aber als Vater spielte er keine große Rolle.

Ab 1958 hat sie dann in Frankfurt Soziologie studiert.

1963 hab ich Examen gemacht, relativ schnell. Ich war ja schon älter und hatte die Nase voll.

Wie ist sie dann in die Studentenbewegung gekommen?

Ich hatte zwar schon Examen und Kind, aber ich kannte natürlich noch alle, man hat diskutiert, das waren die Freunde. Ich war noch in dem Milieu, und zu Jürgen kamen sowieso alle, in der Notstandszeit war er ja der große Experte.

Und bei den Leuten, die wie wir eine Wohnung hatten, wir hatten ja ein kleines Haus, da hat man sich getroffen, das war so eine Art Zentrum. Wir hatten ja nicht so viel Geld und konnten deshalb nicht dauernd in Kneipen sitzen.

Nach dem Diplom hatte sie ein Stipendium für ein Zweitstudium, war ein Jahr in England und hatte dann mal hier, mal dort einen Lehrauftrag.

Ich hab mein ganzes Leben freiberuflich gearbeitet. Ich war mal ein Jahr Dozentin an einer Fachhochschule, als sie gegründet wurde. Es gab dort drei Professorenstellen, die haben alle die Männer gekriegt. Ich dachte damals, weil ich ja ein Kind hatte, ich kann nicht soviel machen, ich habe dann einen Lehrauftrag akzeptiert. Die Männer haben aber auch nicht mehr unterrichtet als ich.

Als ich Monika Seifert nach der Zeit der Studentenrevolte frage, kommt sie sofort auf den Kinderladen.

Als ich mit meiner Tochter in England war, da stand sie immer am Zaun einer Grundschule und sagte – »Auch Schule gehen wollen«. Und als wir dann zurückkamen, hab ich gesagt, ich muß unbedingt etwas machen – also, sie in einen normalen Kindergarten zu schicken, das wäre nicht in Frage gekommen. Zumal ich ja über autoritäre Charakterstruktur gearbeitet hatte. Das war im Institut mein Job, meine Diplomarbeit und mein privates Interesse. Ich war die Entdeckerin von Wilhelm Reich gewesen. Über ihn wurde auch im Institut nicht geredet, er war auch bei Adorno tabu. Es gab in Frankfurt noch zwei, drei Schriften von Reich mit dem Stempel: »Von der SS beschlagnahmt«. Ich hatte im SDS einen Arbeitskreis gemacht, die Studie »Autorität und Familie« von Erich Fromm gelesen, und da kam es überhaupt nicht in Frage, mein Kind in einen normalen Kindergarten zu schicken.

Ich habe dann 1967 im Schwimmbad die Frauen von SDS-Genossen angesprochen, wie man das so macht, hab angefangen mit ihnen darüber zu reden. Das war nicht so einfach. Irgendwie hab ich es doch geschafft, und dann konnten wir im Herbst 1967 mit fünf Kindern anfangen.

Aus dem SDS hatten damals nur wenige Frauen Kinder. Aber immerhin, innerhalb der nächsten Monate wurden es 15 Kinder, die in den Kinderladen gingen, obwohl die neue Kinderschule, wie es in Frankfurt hieß, noch gar keine eigenen Räume hatte, sondern ein Heim der »Falken« mitbenutzen konnte.

Das war der erste Kinderladen, noch vor den anderen, deswegen war er auch ein bißchen anders. Er war primär ein anderer Kindergarten für die Kinder und nicht zur Entlastung der Mütter.

Wenn man anfangen wollte, autoritäre Strukturen aufzubrechen, dann mußte man doch bei den Eltern anfangen.

Es wurde von den allerwenigsten ernst genommen – wirklich zu wissen, wie autoritär man selber erzogen worden ist; Kinder werden keineswegs wirklich antiautoritär erzogen, wenn sie in einem antiautoritären Kindergarten sind und die Eltern sie antiautoritär erziehen wollen. Selbst die wohlmeinendsten Eltern können das nicht. So was Idealistisches, ich werde doch nicht von hier auf jetzt ein völlig anderer Mensch.

So war es auch bei uns. Jürgen war zwar total einverstanden, von sich aus hätte er es aber auch nicht so gemacht. Wenn ich heute überlege, so hab ich vieles einfach so gemacht. Es war der Versuch, etwas aufzubrechen, was über Generationen verinnerlicht ist. Da kann man nicht erwarten, daß man das von heute auf morgen kann.

Die Diskussion, ob man Kindern denn Grenzen setzen müsse, findet sie nach wie vor absurd.

Es ging immer darum, daß Kinder aus erzieherischen Gründen etwas nicht kriegen, und nicht, weil man das Geld dafür nicht hätte. Ich finde es eine Verkennung von Wirklichkeit, zu sagen, wir müssen Grenzen setzen, und nicht davon auszugehen, auf welche Grenzen die Kinder an allen Ecken stoßen.

Uns ging es darum, ihnen ein paar Grenzen zu ersparen. Wir sind selbst eine Grenze. Wir können es nicht aushalten, eine Wohnung zu haben, die kindgerecht ist. Eine gewisse Art von Gemütlichkeit wollte man zuhause haben. Und wenn die Kinder einen Ort außerhalb der Familie haben, wo sie bestimmen konnten, wie es aussieht, dann war auch klar, es gibt einen Ort, wo wir bestimmen. Wir hatten ja Glück mit unserer Tochter, die war nicht so furchtbar, unsere Wohnung zu vermüllen.

Für Wilhelm Reich war die Befreiung der Sexualität doch ein politisches Programm, das sich unterschieden hat von der Kritischen Theorie – hat sie das übernommen? Ging für sie der Weg zum Sozialismus über die Befreiung der Sexualität?

Daß die Unterdrückung, die Unfähigkeit, sich mit seiner eigenen Situation auseinanderzusetzen, über die Verinnerlichung von Autorität läuft und über die Unterdrückung der Sexualität durchgesetzt wird, doch, das vertrete ich. Aber auf dem Weg zum Sozialismus muß man noch ganz andere Sachen ändern.

Worum es mir ging, das war mir zum ersten Mal klar geworden, als ich das Buch von Erich Fromm »Escape of Freedom« las. Das hat mir 1956 eine amerikanische Studentin gegeben. Das fand ich faszinierend - die Frage, warum lassen sich die Leute das alles gefallen, was sie sich gefallen lassen. Es wurde ganz klar für mich – die Leute sind revolutionär zu bestimmten Zeiten, Fromm nennt es Rebellion. Sie rebellieren, schaffen es aber nicht, wirklich was zu ändern an den autoritären Verhältnissen. Dann sind es neue Köpfe, aber sonst ändert sich nichts.

Mich hat der subjektive Faktor interessiert: Wie passiert es denn, daß die Leute zwar rebellieren, aber immer wieder umkippen. Wie in der Pubertät – da rebellieren die Jugendlichen dann auch mal, und hinterher sind sie dann wie Papa und Mama. Diese Wiederholungen zu durchbrechen, individuell und politisch, dazu muß eine Veränderung in der Situation von Kindern kommen.

Wir sind ja selber, so wie wir sind, nicht besonders genußfähig. Und es gab doch ganz viele unter uns, die auch ihre Arbeitsschwierigkeiten hatten. Die Neurosen haben doch geblüht.

Wenn uns heute unterstellt wird, wir Linken hätten auf die DDR und die Sowjetunion gesetzt und deswegen wären wir jetzt so unfähig, weil man alles so falsch gemacht hat – da krieg ich so eine Wut. Wie können die uns das unterstellen? Es gab genug Leute, die so einen Schwachsinn nicht geglaubt haben.

Ich hab mich in meiner Vorstellung von Sozialismus auf die libertären Strömungen bezogen. Ich hab mich eher als Anarchosyndikalistin verstanden.

Mit dem Prinzip der Selbstregulierung in den Kinderläden sollte diese Reproduktion autoritärer Charakterstrukturen aufgebrochen werden. Über Erziehung zum Sozialismus?

Das war der Schlüssel. Dahinter war die Vorstellung, da kann ich nur Marx zitieren, die neue Gesellschaft wächst in der alten. Und irgendwann braucht sie nur noch ihre Hülle abzustreifen. Also, gar nicht so eine Vorstellung von Revolution. Meine Vorstellung war: Soviel Freiheit, wie wir sehen und umsetzen können. Das hieß 68 noch: Sie müssen ein Kind nicht alle vier Stunden wach machen und in der Nacht durchschreien lassen. Das ist auch ökonomisch nicht mehr unbedingt notwendig. Zumindest können die Einrichtungen für Kinder so sein, daß die nicht essen oder aufs Klo müssen, wenn die Erzieherin es anordnet. Heute ist es doch selbstverständlich, daß ein Kind mal zwei Stunden schläft und mal sechs, wie ich es machte. Ich dachte damals, hoffentlich mache ich nichts falsch in meiner rebellischen Art.

Aus dieser Unsicherheit heraus war ich den anderen Eltern gegenüber intolerant. Zum Beispiel beim Problem, ob man etwas Warmes anziehen muß, wenn es draußen kalt ist. Ich hab mich nicht mit meiner Tochter rumgeärgert, wenn sie sich nicht anziehen lassen wollte, sondern ich habe Mütze, Schuhe, alles genommen. An der nächsten Ecke war ihr dann kalt, und sie hat sich anziehen lassen. Im Kinderladen fanden die das absurd. Ich hab dafür gekämpft, daß die barfuß rausgehen können, auch, wenn es draußen Schnee hat, und da ist kein Kind von krank geworden, wenn es ein Gefühl für seinen Körper hatte. Ich wollte an der konkreten Situation überprüfen, ob wir nicht von Vorurteilen geleitet wären.

Kinderläden gibt es zwar noch, aber da gibt es keine Debatten mehr über die Überwindung autoritärer Strukturen, berichte ich von meinen eigenen Erfahrungen. Und sind heute nicht bestimmte Regeln obsolet...

Die werden ja nicht von alleine obsolet. Das rechne ich mir auch zu. Kein Mensch hätte sie freiwillig aufgegeben.

Sicher, es gab so eine Tendenz. Flexible, kreative Leute mußten anders erzogen werden. Man kann im Kapitalismus nichts machen, was dem nicht auch in einem gewissen Maß dient. Es ist immer dialektisch. Es ist immer einerseits für die Werbebranche gut, aber es kann andererseits auch für kritisches Bewußtsein gut sein. Dem entgeht man nicht. Ich glaube, daß Ihnen heute bestimmte Dinge so selbstverständlich sind, daß Sie nicht mehr drüber diskutieren müssen. Wir mußten uns ja erst erarbeiten, was wir wirklich wollen.

War das nicht wahnsinnig anstrengend?

Wahnsinnig. Es war mir halt unheimlich wichtig, und nicht, weil ich fürs Durchhalten erzogen worden bin.

Das Bild der Frauen von ihrer Arbeitszeit und ihren Möglichkeiten war damals ganz anders. Man hatte sein Kind eigentlich immer, und wenn man es in den Kindergarten schickte, dann ging das von neun bis zwölf. Der erste Kinderladen ging von zehn bis sechzehn Uhr, da hatte man auf einmal unheimlich viel Zeit, das war eine enorme Entlastung. Heute haben beide Eltern die Vorstellung, arbeiten zu müssen. Jürgen hat voll gearbeitet und ich nicht. Sonst hätte es bedeutet, wir hätten jeder nur halbtags arbeiten können.

Da ging es also in der Familie Seifert arbeitsteilig zu – der Mann geht nach draußen, ist für die Notstandsgesetze zuständig, und die Frau kümmert sich ums Kind...

Das war so. Er war der Notstandsexperte, und 64, als das losging, bekamen wir das Kind. Es war einfach so, und ich war auch traditionell genug erzogen, daß ich nicht dagegen rebelliert hab, das war in Ordnung.

Wie war das mit dem Verhältnis zur Sexualität? Da gab es den Bericht der Kommune 2 im Kursbuch 17, in dem unter anderem über sexuelle Spiele zwischen einem Kind und einem Erwachsenen berichtet wird, wie sie heute nicht

nur von böswilligen Gegnern als sexueller Mißbrauch an-
gesehen werden. War man in dieser Beziehung nicht sehr
leichtfertig?

Bei uns nicht. Worum es ging, ist, Kindern ihre Sexualität zu lassen. Wir haben die These vertreten, daß Er-
wachsenensexualität etwas ganz anderes ist. Mißbrauch,
das war einfach kein Thema. Keine Frau, die sich an ihren
Mißbrauch erinnert hat, hätte darüber geredet. Es waren ja
immer die Frauen schuld, wenn so etwas passiert war.

Wieviel körperlichen Kontakt ein Kind mit Erwachsenen braucht, und wo die Grenzen sind, das haben wir auch
diskutiert. So prüde wie wir waren, haben wir die Kinder
eher auf Distanz gehalten, als daß sie zuviel gekriegt hätten. Da war die Kommune 2 in Berlin bestimmt offensiver.
Es herrschte so ein bestimmtes intellektuelles Klima, da
waren unsere Kinder nicht in der Gefahr. Da ging es vielleicht zu intellektuell zu und nicht mit genug Körperlich-
keit, das könnte ich mir eher vorstellen.

Sie haben die Revolutionierung der Kleinfamilie gefor-
dert, aber für sich selbst nicht praktiziert.

Wir haben das nicht gefordert, da waren wir viel tradi-
tioneller. Wir haben die zerbrechenden Ehen gesehen. Wir
wußten, es ist schwer, etwas aufzugeben und nichts zu haben, was an dessen Stelle tritt. Und genau das ist es doch,
was so schrecklich ist – daß es das nicht gibt. Für uns war
wichtig, daß Kinder auch verpflichten und deshalb wegen
der Unzuverlässigkeit ihrer Eltern noch eine sichere Institution außerhalb der Familie brauchen. Wir hatten zum
Beispiel die Regel, solange Kinder nicht in der Lage sind,
ihre Freundschaften selbständig aufrechtzuerhalten, hat
man auch in Frankfurt zu bleiben.

Aber wir haben auch alle zusammen, samt Großeltern,
Heilig Abend gefeiert. Die Kinder von damals sind heute
noch wie Geschwister. Als eine meiner Töchter vor eini-

gen Monaten ein Café eröffnete, kamen ganz viele, um das mit ihr zu feiern, das ist wie in einer Familie.

Und wir selbst? Für uns hatte der SDS auch über Jahre eine ähnliche Bedeutung. Wenn ich heute ehemalige Genossinnen wiedertreffe, schwingt da auch noch viel emotionale Nähe mit.

Als die Linken 1958 die Mehrheit im SDS bekamen, das war übrigens das Ergebnis systematischer Kaderarbeit, damals konnte man das noch, da war das auch ein Kulturbruch. Der 50er-Jahre-Antikommunismus, die Einengung in den Köpfen der Menschen, das waren mehr unsere Themen, als daß wir angefangen hätten, unsere privaten Beziehungen zu problematisieren. Die waren auch unsere Privatangelegenheit.

Und wir waren ganz schön moralisch, also ich war das. Wenn einer Bundesvorsitzender war und eine feste Freundin hatte, und der knutschte in der Pforte vom Studentenhaus mit einer anderen rum, also, das fand ich unmöglich. Da könnte ich mich heute totlachen. Damals habe ich ihm gesagt: »Das kannst Du nicht machen, wegen deiner Freundin, und außerdem haben wir Vorbild zu sein«. Er hatte mir auch nicht widersprochen.

Und Wilhelm Reich?

Das hat der Reich auch nicht gemeint, daß man zwei Frauen nebeneinander hat. Gegen hintereinander war ja auch nichts einzuwenden. Ganz so blöd war ich nicht, ich karikiere das jetzt ein bißchen.

Bei uns wurde nichts mehr kaschiert, wir haben drüber geredet, das war kein Tabu. Gegen die Tabus waren wir schon, aber das war nicht unser Programm. Insofern waren wir traditionellere Linke. Wir waren keine Stalinisten und keine Sozialdemokraten, wir verstanden uns als »neue Linke«, aber wir hatten doch keine Vorbilder.

Rainer Kippe
Wenn Du etwas Praktisches ganz unten machst, kannst Du immer etwas verändern

von Thomas Jaitner

Rainer Kippe wurde 1944 in Altenburg in Thüringen geboren. Seit 1948 lebte er in Bayreuth. Er studierte in München, Tübingen und Köln Jura und Orientalistik, er wollte Diplomat werden. Er hatte auf ein Ereignis wie 1968 gewartet, das Studium erlebte er als »geistige Öde«. Politisiert wurde er durch die Lektüre von Dahrendorf und die positivistische Kölner Soziologie. 1967 bekam er Kontakt mit dem Kölner SDS, mit dessen »traditionalistischem« Flügel er im Clinch lag. In den 70er Jahren gründete er mit Freunden den SSK (Sozialistische Selbsthilfe Köln), von dem sich später der SSM (Sozialistische Selbsthilfe Mülheim) abspaltete. Seit 13 Jahren wohnt er mit dem SSM in einem besetzten Haus, 1993 wurde dieser Zustand durch einen Mietvertrag legalisiert.

Im Studentenparlament hatte ich natürlich dafür gestimmt, als es um eine Spende der Studentenschaft an den SSK ging. Ich kannte auch Ärzte, die im SSK arbeiteten, und sah ihre Möbelwagen durch die Straßen flitzen. Ansonsten hatte ich früher für »Randgruppenarbeit« nicht viel übrig. Mein Schwager wußte es besser. Er arbeitete seit einiger Zeit mit dem SSM zusammen und erzählte öfter davon. Seine meist sehr lustigen Geschichten machten mich schließlich neugierig. Da waren Leute, die nicht groß

herumredeten, sondern praktisch ein alternatives Lebens-
modell lebten.

Das Interview mußte mehrmals verschoben werden.
Rainer Kippe war für andere Leute unterwegs. Als es
schließlich zustandekam, saßen wir vier Stunden zusam-
men. Mir fiel seine Souveränität im Umgang mit seinen
Lebensprinzipien auf, ohne daß er – wie häufig bei Linken
– die eigene Lebensform überhöhte und missionarisch
wirkte.

Wie hast Du das Jahr 1968 erlebt?

Für mich waren die Auseinandersetzungen um die
Notstandsgesetze wichtig. Wir waren drei oder vier Leute.
Einer war Hilfsbremser in einem Institut auf der Zülpi-
cherstraße. Er hatte dort für die Seminare eine Abzugsma-
schine und im Keller 100.000 Blatt Papier entdeckt. Da haben wir gesagt, so, jetzt sind wir die größten, jetzt mischen
wir alles auf. Diese Möglichkeit, weißt Du, zu publizieren,
wir waren größenwahnsinnig und dachten, jetzt rollen wir
alles auf, das geht durch bis zur Weltrevolution.

In Köln lief damals nichts. Der SDS in Köln war be-
herrscht von KP-Leuten, die waren illegal. Die arbeiteten
hochkonspirativ. Jeder, der etwas machen wollte, wurde
unterdrückt. Wir waren der Meinung, so, das Geheule der
Leute im SDS hören wir uns nicht länger an, jetzt treten
wir in den SDS ein. Da haben die gesagt, zuerst muß man
Kandidat werden, Kurse machen. Das haben wir alles
nicht gemacht.

Dann haben wir gegen die Notstandsgesetze ein un-
wahrscheinliches Zeug abgezogen: Aktionen an der Uni,
wir sind in die Betriebe reingegangen. Ich erinnere mich
noch an den Tag, als wir mit meiner Ente nach Niehl raus-
gefahren sind. Dort haben wir im Druckhaus die Arbeiter-
demonstration abgeholt und sind mit roten Fahnen vorne-

weg gefahren. Am Alter Markt kamen von der einen Seite die Arbeiter, von der anderen die Studenten zur gemeinsamen Kundgebung. Das war in Köln möglich. Wir haben es der IG Metall abgezwungen.

Danach haben sich die anderen, mit denen ich in den SDS gegangen bin, abgesetzt. Ich habe gesagt, es muß weiter etwas passieren. Da wurde mir geantwortet: Wir müssen jetzt lesen. Daraufhin haben wir das Rektorat besetzt. Ich habe mit zwei anderen mit der Hacke die Glasscheibe der Rektoratstüre eingetreten. Der Asta war links, aber er hat nur rumgelabert. Köln galt als rechte Uni, wir haben das gedreht. Die haben gesagt, wenn hier einer was macht, kommen die Sportstudenten, die haben Verbindungen und verprügeln uns. Wir haben die Besetzung einfach durchgezogen, das hat alles hier verändert.

Danach hast Du Schwierigkeiten bekommen.

Danach kam der dicke Knüppel, ich hatte binnen kurzem dreizehn Strafverfahren, angeklagt vor der Großen Strafkammer wegen schwerem Landfriedensbruch in mehreren Fällen und Rädelsführerschaft. Da denkst Du, die Welt ist zu Ende. Ich sollte in Jura Examen machen, ich wußte nicht, was ich meiner Mutter erzählen sollte. Der ganze SDS verflüchtigte sich auf einmal, die sagten, wir müssen jetzt Marx lesen, wir haben ja noch nichts studiert. Da standest du ganz allein. Das war schwer. Da bin ich in meiner Verzweiflung knapp am Terrorismus vorbeigeschliddert.

Ich kann mich erinnern, wie ich zu einem Typ sagte, ich werfe keinen Molly, aber ich fahre dich, wenn du unbedingt willst. Da wäre ich genauso drangewesen. Wir stiegen an dem Ort X, ich sage nicht, wo das war, aus dem Auto, da kommt ein älterer Polizist auf uns zu und kontrolliert uns. Ich denke heute immer noch, dieser Bulle war der liebe Gott oder ein Engel. Vielleicht hat uns da jemand verraten, ich weiß es nicht. Da wäre ich vielleicht auch abgegangen wie Ensslin und Bader.

Du sagst, Du warst verzweifelt und hattest deshalb die-se Tendenz zum Terrorismus. Worin genau hat diese Ver-zweiflung bestanden?

Der Grund war meine Ohnmacht. Als wir die Tür des Rektorats eintraten, waren wir ja noch besser als der SDS. Wir haben wirklich die Forderungen auf ein Minimum zu-sammengedrückt, denn in Köln ging das nicht anders, da gab es keinen kritischen Vorlauf wie in Frankfurt. Wir haben ein-fach gesagt, wir wollen Öffentlichkeit der Universitätsgre-mien. Der Bundestag tagt ja auch öffentlich. Wir haben noch nicht einmal Drittelparität verlangt, sondern ganz einfach Öffentlichkeit. Jedes Mitglied der Universität hat ein Recht dabeizusein, wenn da Entscheidungen fallen. Weiter nichts. Deswegen haben wir die Rektoratstür eingetreten. Und dann bekamen wir Verfahren wegen schwerem Landfriedens-bruch und Rädelsführerschaft, darauf stand damals Zucht-haus. Da fühlst du die Ohnmacht gegen diesen übermächti-gen Staatsapparat, der völlig willkürlich handelt.

Du erlebst ja nicht, wo sich etwas bewegt. Die ganze Gesellschaft hat sich damals bewegt, aber von deiner Op-tik aus hast du das nicht gesehen. Du wirst zusammenge-schlagen, eingesperrt, die können dich auch totschlagen. Dutschke haben sie in den Kopf geschossen. Dann sagst du, die haben Waffen, jetzt wende ich gegen diese Ohn-macht Gewalt an wie ein Fanal. Auf der anderen Seite siehst du, daß die Masse untätig bleibt. Du siehst nicht, wie viele Leute damals erschüttert waren, du siehst nur, die stehen immer noch und glotzen dich an. Und dann willst du etwas machen, damit die anderen sehen, es muß sich endlich etwas ändern. Diese Ohnmacht und der Wunsch, die Leute aufzurütteln, sind die zwei Grundla-gen für den Terrorismus, das ist so einfach.

Ich bin da vorbeigeschliddert. Ich bin ein halbes oder ganzes Jahr mit einem Plan herumgelaufen, die Uni anzuzünden. Aber ich habe es nicht gemacht.

Warum?

Da waren meine Frau, sie war Lehrerin, meine Mutter, Leute, die für mich wichtig waren. Ich habe gedacht: Kannst du das denen erklären? Ich stellte fest, daß ich es nicht konnte. Ich habe mir gesagt, dann kann ich das nicht machen. Das ist das eine, was mich gerettet hat.

Außerdem habe ich damals erahnt, daß man auch bereit sein muß, Opfer zu bringen. Das heißt, wenn man im Recht ist, kann man sich auch zusammenschlagen oder einsperren lassen, das kann man sich gefallen lassen. Ich spürte, daß darin eine unwahrscheinliche Stärke liegt. Man braucht nicht um sich zu schießen. Damit habe ich damals die Stimmung in der Gruppe gedreht. Es war eine sehr, sehr schlimme Zeit, bis es auf die Amnestie zuging.

Später hast Du Dich vom SDS getrennt.

Der SDS hat damals, 1969, als er nicht mehr weiter wußte, diese Geschichte mit den obdachlosen Jugendlichen gemacht: Das sollten die Lehrlingskader sein. Sie kamen auch zu uns, weil wir in Wohngemeinschaften zusammenlebten. Aber im Herbst 1969 schrieben Leute, die sich später zu diesem Thema auch habilitiert haben und jetzt Professoren sind, in der Roten Pressekorrespondenz, das war so etwas wie die Bibel, daß diese Fürsorgezöglinge Lumpenproletariat sind und man sich deshalb nicht mit ihnen beschäftigen darf. Wir haben gesagt, wir beschäftigen uns weiter mit denen. Wir sind dann einem Verein beigetreten, den Sozialpädagogischen Sondermaßnahmen Köln, und haben dann den SSK gegründet. Das war der Ausbruch aus dem Schwachsinn der Uni.

Hast Du Dein Jurastudium beendet?

Nein. Nach diesen Strafverfahren habe ich gedacht, da

kannst du nichts mehr werden. Ich habe mich ja mit dem Dekan geprügelt. Zu einem gnädigen »noch ausreichend« meiner Feinde war ich nicht bereit. Außerdem wollte ich ja praktisch arbeiten, da hätte mir das Examen nichts genützt.

Bedauerst Du das heute?

Ich finde schade, daß ich das Jura-Studium nicht abgeschlossen habe. Ich finde, man muß Sachen zu Ende machen. Ich träume auch manchmal nachts, ich muß das Jura-Examen machen. Ich habe immer darunter gelitten. Ich habe erst meinen Frieden damit gemacht, als die Leute, die ich kannte, Richter wurden oder Anwaltskanzleien aufmachten. Die müssen hundert Fälle machen, die Mist sind, bevor sie einen Fall haben, der interessant ist. Es gibt Amtsrichter, die tausend Entscheidungen pro Jahr fällen, also fünf am Tag. Das ist Stuß. Entweder kann ein Computer das auch, oder die Hälfte ist falsch, denn um ein Urteil zu fällen, brauche ich mehrere Tage, ich sage es jetzt mal so. Ich finde diese Arbeit völlig uninteressant, diese Leute sind mit Arbeit zugeschüttet. Ich habe ein ausgeprägtes Gerechtigkeitsempfinden, damit kann man sowieso nicht Jurist werden. Da muß man Zyniker sein. Nachdem ich das erlebt hatte, war ich froh, daß ich es nicht gemacht habe. Außerdem: Ich konnte irgendwann nicht mehr lernen, weil ich nicht mehr mit dem übereinstimmte, was da in den Büchern stand. Da war eine Sperre. Aus.

Wie lebt Ihr hier im SSM? Warum lebst Du immer noch in einer Wohngemeinschaft?

Ich habe 1968 geheiratet. Das hat mir den inneren Rückhalt gegeben für die riskanten Sachen, die ich machen konnte. Ich habe es immer abgelehnt, meine Kraft damit zu verzetteln, daß ich mein eigenes Leben revolutioniere. Der Dutschke war ja auch verheiratet und hatte ein Kind. Es ist ja auch Quatsch, seine ganze Energie mit der Nabelschau zu verbrauchen, denn das eigene Leben kann sich ja nur mit den äußeren Verhältnissen verändern. Allerdings: Ich kam natürlich in meiner Zweierbeziehung auch nicht klar, wußte nicht, was ich machen sollte, und habe darunter gelitten.

Ich habe mein Leiden und meinen Veränderungswunsch wie einen Transmissionsriemen auf die Verhältnisse gelegt und habe dann eben mit anderen Leuten den SSK aufgebaut. Wir haben da Wohngemeinschaften gegründet, auch mit illegalen Jugendlichen. Damals haben wir gesagt, die Jugendlichen müssen die Wohngemeinschaften selber machen. Aber der Gedanke war falsch. Nachdem der SSK das zweite Mal verboten wurde und die Häuser und Kontaktzentren dichtgemacht wurden, habe ich es nicht mehr ausgehalten, daß die Jugendlichen da hängen und nicht mehr weiterwissen und ich in meiner Ehe sitze. Ich habe gesagt, ich ziehe mit denen zusammen. Die Jugendlichen, die mit diesen Schädigungen von der Straße kommen, können nicht in Heimen leben, sie können nicht mehr in Familien leben, sie können aber auch nicht alleine leben. Also mußt du mit denen zusammenleben, aber nicht auf einer bezahlten Basis als Sozialpädagoge, sondern gleichberechtigt. Wir haben gesagt, wir nehmen kein Geld vom Staat, sondern machen Arbeitskollektive, besetzen Häuser und leben mit denen zusammen. Gemeinsam arbeiten, gemeinsam wohnen, gemeinsam leben, gemeinsam kämpfen, das haben wir zusammengebracht. Damals habe ich mich von meiner Frau getrennt, weil sie das nicht wollte.

Auch bei dieser Trennung ging es nicht darum: Ich will mich verwirklichen, oder wir machen jetzt eine Kommune, wo jeder mit jedem pennt. Es ging um ganz praktische Forderungen. Ich fühle mich nur auf diese Weise innerlich sicher. Wenn ich mich selber als Gegenstand der Betrachtung in den Vordergrund stellen würde, wüßte ich gar nicht mehr, was richtig oder falsch ist. Mir würde die geringste Objektivität abgehen...

Dann bin ich mit Ranne zusammengezogen. Wir haben ein Kind adoptiert von einem Mädchen, das auf der Straße lebte und süchtig war. Der Junge ist jetzt 18 Jahre alt und geht in die 13. Klasse. So leben wir. Jeden Morgen findet eine Sitzung statt, wo jeder reden kann und wo festgelegt wird, was jeder arbeitet. Die Arbeit und die Gesellschaftsauffassung, der Kampf gegen Unterdrückung und Ungerechtigkeit, der Versuch, demokratisch zusammenzuleben und zu arbeiten, das haben wir gemeinsam. Alles gehört uns gemeinsam, der Mietvertrag für das Haus, das Möbellager, der LKW. Von dieser Basis aus ist es dann aber völlig offen, wie du zusammenlebst in deinem ganz privaten Bereich.

Bei uns waren immer viele Menschen, die nicht in der Lage waren, sich zu binden, die die Gemeinschaft, Familien oder auch Kinder brauchen, weil sie eben nicht in der Lage sind, sie selber aufzuziehen. Dann gibt es jüngere Leute in losen Paarbeziehungen, es gibt Verheiratete, auch nicht Verheiratete, die aber in sehr langfristigen Verbindungen leben, denn für Kinder mußt du ja schon so etwas wie eine Familie haben. Das ist hier alles möglich. Es gibt Leute hier, die sind an der Schwachsinnsgrenze, die können nicht lesen und schreiben und nicht richtig reden, es gab auch schon Leute mit Doktortitel hier. Du kannst hier alles machen. Die Gemeinschaft gibt die Mindestbasis vor. Innerhalb dieses Rahmens kannst du alles machen, eine Kommune, heiraten, wir haben hier ein Ehepaar mit fünf Kindern, die planen ihre Zukunft, bis daß der Tod sie scheidet. Hier ist es wirklich frei, wie Marx und Engels es vor 150 Jahren gefordert haben. Es ist deine freie Entscheidung, mit wem du dich zusammentust und in welcher Form.

Arbeiten alle, die hier leben, im SSM?

Nein hier leben auch andere, ein Arzt, eine Heilprakti-
kerin, ein Malermeister, eine Therapeutin. Wir haben die
damals reingeholt, weil wir nur mit den Leuten von der
Straße das Gelände und die Häuser nicht hätten erhalten
können. Es gibt hier zehn bis zwölf Aktivisten, die hier
jeden Tag arbeiten, größer kannst du das nicht machen,
dann wird es ineffektiv. Wir waren auch schon einmal
zwanzig. Die anderen unterstützen uns, wir ergänzen uns.
Die haben spezielle Aufgaben bekommen. Es ist schon
gut, wenn Leute drin sind, die nicht vom SSM abhängig
sind.

Ich weiß aus der Erfahrung mit dem SSK, daß aus der
Suche nach Gerechtigkeit ganz schnell Terror wird, wenn
du den persönlichen Rahmen nicht mehr respektierst,
wenn du so eng zusammenlebst und die Gruppe alles entscheiden kann, wenn alles sich hier an diesem Tisch ab-
spielt. Bei unseren Versammlungen darf man über persönliche Sachen nur reden, wenn einer Hilfe will oder wenn es
der Gemeinschaft auf die Nerven geht.

*Hast Du eigentlich genug Möglichkeiten, Dich zurück-
zuziehen oder Ruhe zu haben?*

Als ich 1973 mit den Jugendlichen zusammenzog, war
das schon eine Form von Irrenhaus. Ich hatte mit Ranne
und den Kindern eine Familie, um das aushalten zu können, eine Schranke zu setzen. Die Kinder zwingen dich
zum Privatleben. Das kam bis zu Punkten, wo ich nicht
mehr weiter wußte. Nach der Trennung von Ranne 1985
habe ich begonnen, mich mit mir selber zu beschäftigen
und habe Meditation und solche Sachen gemacht. Ich habe
nicht Selbsterfahrung gemacht, um dann politisch zu arbeiten, sondern ich habe politische Arbeit gemacht und
dann angefangen, mich mit mir selber zu befassen. Ich bin
dann auch öfter weggefahren.

Jetzt lebe ich mit Wilhelmine zusammen. Sie hat in der Lüneburger Heide ein Zimmer behalten, wir fahren öfter dorthin, das brauchen wir auch. Man muß aber zuerst durch dieses Nadelöhr hindurch und mit anderen in primitivsten Verhältnissen leben. Was ich jetzt mache, ist eine Erweiterung. Dadurch bin ich aber hier nicht weniger anwesend, sondern intensiver. Vielleicht werde ich eines Tages mit Wilhelmine alleine sitzen, vielleicht werden wir immer mit solchen Leuten zusammensein, ich kann es heute nicht sagen. Jetzt mache ich das hier. Aber für mich hängt das immer mit ganz praktischen Sachen zusammen.

Wie meinst Du das?

Ich bin eigentlich ein Theoretiker und Spinner. Wenn ich das Leben hier nicht hätte, würde ich verrückt. Ich würde völlig abheben, ich brauche das, um Boden unter den Füßen zu behalten. Je hochgestochener du bist, um so mehr mußt du in die praktische Arbeit reingehen, umso tiefer mußt du herunterklettern, mit Verrückten leben, Müll fahren, all die Sachen, die ich mache. Ich kann hier vielleicht ein bißchen verändern. Aber von hier aus kann vielleicht auch etwas Großes ausgehen.

Wenn du etwas Praktisches ganz unten machst, kannst du immer etwas verändern. Das Kleinste, das stimmt, verändert die Gesellschaft, es ist ja da. Ob das Samenkorn aufgeht, das weiß der liebe Gott. Was da alles 1968 von Basis geredet wurde – umgesetzt worden ist es nicht. Es ist alles bei Gelabere geblieben. Wenn dich die praktische Arbeit nicht befriedigt, kannst du alles vergessen. Wenn sie dich befriedigt, kannst du es dem lieben Gott überlassen, ob eines Tages die Menschen kommen und sagen, ja das ist das liebe Jesulein.

Du sagtest eben, ihr wolltet damals die Weltrevolution, alles muß verändert werden...

Das will ich auch heute noch!

Ist der SSM Deine Nische, wo Du etwas gestalten kannst, oder willst Du immer noch die Welt verändern? Wie geht das eigentlich?

Ich will auch die Weltrevolution, wir sind ja Sozialisten. Wir haben Demokratie im Wirtschaftsleben. Jeder Tag beginnt mit einer Sitzung. Das wichtigste ist die Arbeit, sagen wir. Das geht ja nicht im Kapitalismus, du kannst ja nicht die Arbeiter über die Fabrik bestimmen lassen. Das muß ja das Kapital machen. Wir haben hier Gemeineigentum. Wir bestimmen nicht, wen wir brauchen können, sondern für den, der hier hereinspaziert, finden wir auch eine sinnvolle Arbeit. Das, was wir hier machen, ist Sozialismus.

Ich weiß auch, daß sich das im Moment nicht auf der Ebene von Ford und Bayer Leverkusen verwirklichen läßt. Deswegen muß ich doch nicht mein Leben mit Warten verbringen oder mich hinstellen und sagen, ihr müßtet aber eigentlich die Produktionsmittel vergesellschaften. Ich bin doch nicht alleine auf der Welt. Ich arbeite hier, wo es unmittelbar sinnvoll ist.

Natürlich lebe ich hier in einer Nische. Wenn ich die Pharmaproduktion so organisieren wollte, würde ich pleite machen, das ist logisch. Aber alles Neue entwickelt sich in Nischen. Die Demokratie hat sich auch in Nischen entwickelt. Schau Dir doch die Geschichte der bürgerlichen Demokratie an.

Aber leben wir nicht in schlechten Zeiten für die Verbreitung Deiner Vorstellungen?

Es ist jetzt nicht die Zeit, wo sich das, was wir machen, unwahrscheinlich ausbreitet. Aber wenn ich die Sache jetzt einmal umgekehrt betrachte, muß ich sagen: Wir sind schon weit. Was wir hier machen, gehört heute dazu, das ist auch ein Teil des öffentlichen Bewußtseins. Uns gibt es hier in Köln. Du darfst nicht unterschätzen, was das für die Zukunft bedeutet. Die Welt entwickelt sich ja nicht gradlinig, nach dem Motto: Wir machen ganz viele SSM, und am Ende ist der Sozialismus da. Du bist ein Teil des Prozesses. Ob das, was du bewegt hast, groß oder klein war, weißt Du nicht. Darüber urteilt die Geschichte. Dann kannst Du nicht mehr fragen, ob der SSM hier bedeutend ist. Ich finde das, was wir machen, bedeutend. Es gibt eine Reihe anderer Leute, die finden das auch. Und wenn es unbedeutend wird, weil vielleicht etwas anderes weitergegangen ist, ist es doch schön. Aber vielleicht kommen wir auch irgendwann ganz groß raus.

Das hängt nicht nur von mir ab. Aber in den letzten sieben oder acht Jahren habe ich schon in den Vordergrund geschoben, das muß ich sagen, daß es persönlich stimmt, daß es sich hier lohnt zu leben. Damit haben wir nicht aufgehört, Häuser zu besetzen, Skandale aufzugreifen, Politiker anzugreifen oder Leute aufzunehmen. Aber wenn du dich viele Jahre völlig verausgabt und von deinen eigenen Interessen abgesehen hast, dann mußt du ein Gegengewicht schaffen, sonst kommt das Nichts. Ab in die Toskana. Das ist bei uns nicht der Fall.

Wir wollen auch leben, unsere Kinder sollen es auch lebenswert finden. Wir wollen auf jeden Fall nicht wieder zu einer Generation gehören, die alles geopfert hat, die alle Brücken hinter sich abgebrochen hat. Das finde ich falsch, das ist auch keine Botschaft für die Zukunft. Meine Kinder sind 18, 16 und 13, sie sind nicht Mitglieder im SSM. Das brauchen sie auch nicht. Ob sie mal so etwas machen wie ich? Von mir aus brauchen sie es nicht. Aber sie sehen natürlich alles hier und nehmen es mit. Meine Kinder sagen, ich bin ein Öko, ein Spinner. Aber wenn sie älter werden, sehen sie mich auch wieder mit etwas Respekt an.

Gisela Strauff

Ich bin überhaupt nicht resigniert, ich will verändern und habe gelernt, ich kann

von Thomas Jaitner

Gisela Strauff wurde 1946 geboren. Sie studierte zunächst Wirtschaftswissenschaften, danach Sozialarbeit. Sie rechnet sich selber zu den Spontis in der Studentenbewegung, sie war nicht organisiert. Seit 1972 arbeitet sie in der Jugendgerichtshilfe beim Jugendamt der Stadt Köln. Ich lernte sie Anfang 1993 kennen, als ich sie als Expertin des Jugendamtes in meinen Unterricht einlud, wo wir gerade über Jugendkriminalität sprachen.

Mir fiel zunächst auf, daß sie nach jeder Schülerfrage eine lange Pause einlegte, bevor sie konzentriert antwortete. Ich fand das sehr sympathisch, weil ich den Eindruck hatte, daß sie die Schüler ernst nahm und nicht vorgestanzte Antworten parat hatte. Diesen Eindruck der Ernsthaftigkeit, der Reflektiertheit über das eigene Handeln fand ich in unserem Gespräch bestätigt. Sie erschien mir als eine Frau, die es geschafft hat, ihre eigenen Vorstellungen von einem zufriedenstellenden, lebenswerten Leben zu verwirklichen, ohne in spießbürgerliche Selbstzufriedenheit zu verfallen.

Wie haben Sie das Jahr 1968 erlebt? Ist dieses Jahr ein einschneidendes Datum in Ihrem Leben?

Es war eher dieses große Aha-Erlebnis, weil ich mich

stark verändert habe. Angefangen hat das bei mir sicher schon sehr früh, weil ich nie Fragen beantwortet bekam. In der Schule, überall stieß man, was die jüngste Vergangenheit anging, auf eine Schweigemauer. Ich hatte 1968 noch Wirtschaftswissenschaften studiert und gerade ein Praktikum bei Ford hinter mich gebracht. Ich habe dort mitbekommen, daß gerade amerikanische Firmen Elemente der Gruppendynamik zur Produktionssteigerung und Effizienz der Arbeit eingesetzt haben. Da habe ich erlebt, daß ein Meister z.B. geschult wurde in Gruppendynamik, und das hat mich vollkommen angewidert. Ich fand das perfide. Arbeitsteilung und Akkordzeiten zu bemessen, ist die eine Sache, aber die Gruppendynamik noch reinbringen, das war eine ganz andere Geschichte. Da hatte ich überhaupt keine Lust mehr. Dann kamen diese Umwälzungen, die ja eher politisch gefärbt waren, und zusammen mit den Erfahrungen, die ich von früher hatte, daß einfach nichts beantwortet wird, hat das dazu geführt, daß ich dann fast von einem Tag auf den anderen das Wiso-Studium hingeschmissen und mich für die Sozialarbeit interessiert und geglaubt habe, daß ich da etwas verändern könnte. Mein Aha-Erlebnis 1968.

Warum eigentlich Sozialarbeit? Wodurch ist diese Entscheidung beeinflußt worden?

Sozialarbeit wurde seit 1968 ein Thema, für das man sich interessierte, weil da bestimmte Mechanismen deutlich werden. Eine bestimmte Bevölkerungsgruppe wird entrechtet an den Rand der Gesellschaft gestellt und muß eine Art Sündenbockfunktion übernehmen. Damit wird abgeschreckt: Seht mal her, wenn Ihr nicht funktioniert, dann blüht Euch dasselbe. Auch räumlich wird das deutlich: In Köln findet man Sozialunterkünfte nur an der Peripherie. Diese Menschen werden völlig ausgegrenzt. In allen großen Städten wurden damals Aktionen gestartet.

Ich bin da mit anderen Leuten hingefahren, habe mal geguckt und war furchtbar erschrocken, wie duldsam diese Menschen waren. Ich kam dann auch auf den Gedanken wie eine ganze Menge anderer Leute auch, Sozialarbeit ist das entscheidende Mittel, soziale Gerechtigkeit zu garantieren, wenn die Sozialarbeiter ein anderes Bewußtsein haben. Der berühmte Marsch durch die Institutionen, dieses dumme Schlagwort damals. Wir haben diesen Marsch ja alle nicht gemacht, da gehörten ja mehr als einer dazu, um zu marschieren. Eine Institution wechselt ja nicht auf einmal sämtliche Leute aus, um dann eine Gruppe aus dieser Generation aufzunehmen. Ich bin also alleine dahin gekommen. Ich habe dann ein erstes Praktikum gemacht und dadurch die Kindererziehung, also die Heimerziehung für Fürsorgezöglinge, wie das damals hieß, kennengelernt. Dieser Bereich wurde damals auch sehr thematisiert. Das hat mich alles sehr beflügelt, die Ausbildung zu Ende zu machen und in diesem Bereich etwas zu tun.

Welche Punkte sind Ihnen denn damals aufgestoßen an der Heimerziehung, und was waren die Ansatzpunkte für Veränderungen?

Als besonders schlimm habe ich empfunden, daß die Kinder und vor allem Jugendlichen, die ins Heim kamen, eine Schuldzuweisung erfahren haben. Ganz deutlich wurde das damals, wenn man sich Anträge auf Fürsorgeerziehung angesehen hat. Das waren richterliche Beschlüsse. Fast wie von einem Strafrichter wurde die Schuld nachgewiesen. Dann wurden die Jugendlichen in die öffentliche Erziehung gegeben, um das zu begradigen. Also Menschen, die an den Gegebenheiten, die sie erfahren hatten, zerbrochen sind, wurden für schuldig erklärt und in Heime gesteckt, die damals von der Platzzahl her sehr groß waren und eine sehr strenge Ordnung hatten, um dann angepaßt und funktionstüchtig zu werden. Es waren immer die, denen Versagen nachgewiesen worden ist. Man hat da angesetzt, wo Schwachstellen waren, zumindest was das öffentliche Bewußtsein für Schwachstellen hielt. Ob das tatsächlich immer Schwachstellen sind, ist ja sehr zweifelhaft. Ich denke erstmal nicht. Wer sich wehrte oder verweigerte, war im öffentlichen Bewußtsein ein Sünder. Das wollten wir verändern durch den Aufbau von Alternativen. Klar, Summerhill war auch so ein Schlagwort, antiautoritäre Erziehung. Es sind ja damals recht viele Wohngemeinschaften für Fürsorgezöglinge, wie das noch hieß, entstanden, wo Alternativen aufgebaut werden sollten. Da waren sehr viele aus der Szene engagiert. Ich selber habe zwar in einer Initiativgruppe mitgearbeitet, aber nie richtig da gelebt, war aber sehr häufig da.

Warum haben Sie da nicht gelebt?

Das wäre mir zu viel Aufgabe von eigenem, persönlichem Leben gewesen. Ich war fast immer irgendwo aktiv und habe hier und dort etwas gemacht, aber ich hatte mein Zimmer als Rückzug, auch meinen Freundeskreis, der ein Privatbereich war, den wollte ich behalten und nicht aufgeben. Das wäre die totale Einheit zwischen Leben, Engagement und Arbeit gewesen. Das war mir zu viel.

Sind die Wohngemeinschaften gelungen?

Wir haben versucht, den »Zöglingen« unsere Vorstellungen überzustülpen, die wir von Zusammenleben hatten, von Zukunftsperspektiven, von persönlicher Entwicklung. Wir haben vollkommen vergessen, woher die meisten kamen. Wir haben das auch nicht mit denen aufgearbeitet, damit muß man nämlich erst einmal anfangen. Wir haben sie weggenommen von dort, wo sie herkamen, ohne das zu berücksichtigen und zu versuchen, ihnen nahezubringen, was wir dachten, was wir lebenswert und veränderbar fanden. Wir waren alle sehr lieb und bemüht, und wir haben mit denen auch alle möglichen Aktivitäten unternommen, wo wir dachten, das entspricht deren Vorstellungen. Wir haben versucht, sie schrittweise mit uns mitzunehmen und an das heranzuführen, was wir tun, aber wir haben sie vollkommen überfordert. Ein großer Teil der Jugendlichen ist uns einfach weggelaufen, wieder dahin zurückgegangen, wo sie hergekommen sind. Das war für sie immer noch besser, weil vertrauter als das, was wir alles sehr wohlmeinend machten. Ich denke, wir waren sehr nett und auch nicht herablassend – aber es waren verschiedene Welten, und wir haben die der Jugendlichen viel zu wenig berücksichtigt. Ich denke, daran ist es einfach gescheitert. Heute wissen wir alle viel mehr. Heute fangen wir da an zu verändern, wo die leben, ohne sie herauszunehmen. Wir haben es damals vollkommen anders gemacht. Das haben wir lernen müssen. Wir wußten es damals noch nicht. Das würde heute niemand mehr machen.

Wie lange ging das so mit den Wohngemeinschaften für jugendliche Klienten? Wann merkte man, das geht nicht?

Bis Mitte der 70er Jahre. Da sind die nach und nach wieder alle verschwunden.

Wie hält man es eigentlich aus, sich ständig mit den Schattenseiten dieser Gesellschaft zu beschäftigen?

Ich habe es lange Jahre nicht gut ausgehalten und bin darüber auch sehr krank geworden. Ich bin in einer sehr schweren Position: Ich habe auf der einen Seite die Verwaltung und auf der anderen die Justiz. Das sind wirklich zwei Institutionen, die einen zermalmen können, wenn man dazwischen steht. Ich habe einfach zu hohe Ansprüche gehabt. Arno Placks Buch über die Abschaffung des Strafrechts war eines der Vorbilder. Ich habe einfach gedacht, wenn man der Justiz klarmacht, warum Leute straffällig werden, dann kann die nicht mehr verurteilen, weil diese Menschen nicht schuldig sind. Man muß ja die

Schuld nachweisen, um strafen zu können. Darüber bin ich wirklich fast kaputtgegangen.

Auslöser war die Bauplatzbesetzung in Köln-Nippes, als da die Stadtautobahn gebaut werden sollte. Da sind 60 Leute festgenommen worden und haben ein Strafverfahren bekommen. Ich habe 60 unterschiedliche Motivationen gehört, da den Bauplatz zu besetzen, und habe miterlebt, daß die zumindest in erster Instanz verurteilt wurden. Da bin ich wirklich zusammengekracht.

Ich habe mir dann einiges überlegt. Ich bin erstmal bescheidener geworden, also meinen Anspruch, die Strafjustiz abzuschaffen oder grundlegend zu ändern, habe ich an den Nagel gehängt und habe dann mehr aufs Detail gesehen, auf den einzelnen. Das sind ja immer so globale Sachen, hinter denen man sich gut verstecken kann, die aber dann krank machen, denn es ist ja ausweglos, ein ganzes System zu ändern, allein oder mit ein paar wenigen. Das funktioniert aber im Einzelfall, wo z.B. ein Gericht überzeugt werden konnte, eine andere Maßnahme als eine harte Verurteilung zu ergreifen. Das habe ich dann endlich mal als Erfolg gesehen, der auch sichtbar ist, wo ich vielleicht auch einiges zu beigetragen habe. Vielleicht ist es wichtig für einen Jugendlichen, nicht vier Wochen in den Arrest zu kommen, weil er dadurch Gefahr läuft, in der Schule zu scheitern oder seine Arbeitsstelle zu verlieren. Das ist auch ein Erfolg, der vielleicht immens wichtig sein kann. Das zeigt dann aber erst die Zukunft. So war es leichter für mich zu ertragen.

Dazu kam die Überlegung, ob man die Leute nicht entmündigt, wenn man ihnen die Verantwortung für ihr Handeln abspricht. Vielleicht kann man dem einzelnen auch seine Eigenverantwortung zeigen und dann zusammen einen Weg suchen, sie besser wahrzunehmen oder zu entwickeln. Es geht mir besser, seitdem ich begriffen habe, daß man nicht alles auf das System schieben und ganz pauschal sagen kann, eine bestimmte Bevölkerungsschicht ist so benachteiligt, daß sie auch frei ist von Eigenverantwortung und Schuldfähigkeit.

Also: Man kann doch eine ganze Menge verändern. Wir haben ja dann erzieherisch ausgestaltete Alternativangebote entwickelt, die inzwischen zum Standard gehören, aber noch völlig unbekannt waren, als ich anfing.

Können Sie das konkreter machen?

Wir haben z. B. die Sozialdienste entwickelt. Die werden natürlich nicht gerade bei hohem Schuldgehalt verhängt, eher bei unterem Schweregrad. Früher haben die Jugendlichen eine Geldbuße bekommen, manchmal auch nur in Taschengeldhöhe, aber zumindest haben sie gelernt, mit Geld kann man wieder alles in Ordnung bringen. Sie konnten sich auf diese Weise auch sehr gut von dem distanzieren, was sie angestellt haben. Eine gemeinnützige Arbeit im Sozialdienst zu verrichten, ist zwar auch noch abstrakt, man kann nicht einen Verkehrssünder in die Unfallchirurgie schicken, das wäre tödlich, aber es ist schon viel aktiver. Oder wir haben für Jugendliche, die ein sehr individuelles Problem haben und aus dieser Situation heraus eine Straftat begangen haben, eine Betreuung entwickelt: Statt Wochen oder Wochenenden in der Arrestanstalt zu verbringen, sind die eben ein halbes Jahr oder, wenn es nötig war, auch ein Jahr in der Einzelbetreuung gewesen. Oder Jugendliche mit unstrukturierter Freizeit, mit wenig Möglichkeiten, Gruppenstrukturen zu erkennen, kommen in einen Trainingskurs, wo das aufgearbeitet wird. Das ist viel sinnvoller, als die einfach wegzusperren, das baut nur Aggressionen auf.

Inzwischen gibt es Überlegungen, daß das alles ganz falsch ist. Aber in der Zeit, als es entwickelt wurde, hat es sicher dazu beigetragen, etwas optimistischer zu empfinden, weil doch sichtbar war, man kann was ändern, wenn man sich etwas einfallen läßt. Wenn ich also eine Alternative aufbaue, bringt das in der Wirkung sicher mehr, als ständig dagegen anzugehen und zu demonstrieren, das ist alles schlecht. Dann wird es aushaltbar.

Ist das ein resignatives: »Ich komme über die Runden, ich werde nicht mehr krank«, oder steckt da gleichzeitig drin: »Ich werde nicht mehr krank, ich kann aber auch viel verändern und ich bleibe bei meinem Anspruch, zu verändern«?

Eher letzteres. Ich bin überhaupt nicht resigniert, ich will verändern und habe gelernt, ich kann. Ich muß nur wissen, wie, und ich muß den Anspruch überdenken. Wenn ich ein Ziel habe, das einfach nicht zu bewältigen ist, wie völlige Veränderung von Systemen oder Abschaffung von Strafrecht, dann muß ich scheitern, dann werde ich krank und kann überhaupt nichts mehr tun. Wenn ich aber mein Ziel anders formuliere, vor allen Dingen enger stecke und so ausgestalte, daß ich es bewältigen kann, kann ich auch etwas ändern.

Ich denke, daß wir mal angetreten sind mit sehr großen Problemen, weltumspannend fast, die wollten wir verändern. Das habe ich auch in mein Berufsselbstverständnis hineingetragen. Institutionen völlig verändern, das geht nicht, da macht man sich krank und absolut inaktiv. Da kann man gar nichts verändern, weil man nur leidet. Man muß einfach sehen, was ist machbar, welche Methoden kann ich da entwickeln, wie kann ich überzeugen, und schrittweise ändert sich dann doch sehr viel. Das ist für mich nicht Resignation, eigentlich das Gegenteil. Hinter diesem hohen Anspruch, den man gar nicht erfüllen kann, steckt vielleicht viel mehr, nicht unbedingt Resignation, aber man kann sich gut dahinter verstecken: Na ja, was kann man denn machen, es ist viel zu überwältigend. Das habe ich dann irgendwie lernen müssen, ich bin da sehr krank geworden. Gut, es hätte vielleicht nicht sein müssen, aber wahrscheinlich brauchte ich das, um zu kapieren, so kann man gar nichts verändern.

Ich würde das auch auf die damals formulierten politischen Ziele übertragen, was ich in diesem engeren Bereich habe lernen müssen und gelernt habe. Ich denke, das ist eine richtige Erkenntnis. Und ich kann es inzwischen auch sehr gut aushalten, nur mit Schattenseiten zu tun zu haben. Ich kann zwar noch viel mitleiden, aber nicht mehr nur so traurig, sondern ich versuche irgendwo, wenigstens ein bißchen zu ändern.

Haben Sie eigentlich Karriere gemacht?

Sehr bescheiden. Ich leite jetzt das Sachgebiet, in dem ich mal vor 21 Jahren angefangen habe.

Wollten Sie nicht Karriere machen?

Was Einflußnahme und auch Bestimmung von Atmosphäre angeht, denke ich, ist es sehr sinnvoll, wenn die richtigen Leute Karriere machen. Ich würde das erstmal gar nicht als schlecht ansehen, Karriere machen zu wollen. Ich denke nicht, daß ich Karriere gemacht habe, aber ich habe mich um diese Stelle bemüht, weil ich die Arbeit sehr gut kenne, eine ganze Menge im Kopf habe und denke, daß ich in der Position mehr erreichen kann. Was mir fehlt, ist jetzt die Arbeit mit den Klienten, die vermisse ich, ich habe keine mehr. Ich habe keine Zeit mehr, zweimal die Woche mit Jugendlichen zum Gericht zu gehen. Das finde ich sehr traurig, die fehlen mir auch. Aber auf der anderen Seite weiß ich eben auf Grund der langen Zeit, die ich da arbeite, was noch zu verändern ist, auch wo man Einfluß nehmen kann. Und das ist vielleicht, was Veränderungen angeht, viel schlagkräftiger, aber es ist für mich auch zweischneidig, ich mache jetzt nicht mehr das, wofür ich einmal angetreten bin, oder nicht mehr so unmittelbar.

In der 68er Bewegung gab es die Vorstellung, daß man auch die persönlichen Lebensverhältnisse revolutionieren müsse. Wie war das bei Ihnen?

Es war am Anfang recht schwer, denn die Frauenrolle war in der 68er Generation nicht gerade glanzvoll. Die Machtstrukturen, die vorher bestanden haben, sind da weitergeführt worden. Wer hat denn an der Walze gestanden und Flugblätter abgezogen? Formuliert haben es die Männer. Ich habe das so erlebt, und das ist auch typisch für viele: Wir haben die Form von Partnerschaft sehr ausgelebt, wo keine Besitzansprüche angemeldet werden, dieses sehr freie Zusammenleben. Da habe ich dann lange Jahre viele Blessuren mitbekommen. Das hatte auch zur Folge, daß die Partner wechselten. Ich habe dann mit Anfang dreißig einen gefunden, der nicht aus meiner Generation stammt und einfach die Toleranz hatte, mich machen zu lassen, was ich wollte, mir auch Freiraum zu geben. Er forderte nicht den Rückzug ins private Leben und die Ausklammerung von allen Aktivitäten, die außerhalb sind. Er hatte seine Sachen, ich hatte meine Sachen, und das war so in Ordnung. Und dann geht das, wenn eine solche Verständigungsbasis da ist. Das ist aber eine Generation über mir gewesen, das war vielleicht schon die Altersweisheit.

Und diese Art Toleranz war vorher nicht da?

Nein, da war sehr viel Rivalität. Und auch dieses alte Rollenklischee ist geblieben. Organisation von Leben behindert ja das Entwickeln und Durchsetzen von Höhenflügen. Da war dann immer die Rivalität. Da wir aber eingeschworen waren, keine festen Partnerschaften einzugehen, die auf lange Sicht angelegt waren, weil da sich ja wieder Besitzansprüche entwickeln, haben wir ja auch häufig gewechselt. Das war eine ganz lange Zeit. Da mußte zwar wieder alles neu ausgekämpft werden, bis man dann vor der Entscheidung stand, ob man klein beigeben soll für ein privates Glück. Damit kann man aber nicht mehr leben, wenn man einmal anders gelebt hat. Dann war das wieder zu Ende. Das sind sehr anstrengende Formen gewesen, privates, berufliches und politisches Engagement unter einen Hut zu bringen, und es hat auch sehr weh getan. Und ich kenne auch eine ganze Menge aus meiner Generation, die ich als Beziehungskrüppel bezeichnen würde. Aber ich möchte diese Erfahrung auf keinen Fall missen. Die hat mich dann auch jemanden schätzen gelehrt, der Freiräume gibt, sehr tolerant ist, der die eigene Entwicklung und eigenes Engagement forciert. Vielleicht wäre ich gar nicht reif dazu gewesen, wenn ich vorher nicht anders gelebt hätte. Da wäre ich überfordert gewesen und hätte mich vielleicht alleine gelassen gefühlt. Insgesamt aus der Rückschau empfinde ich das als sehr positiv, aber es hat verdammt weh getan.

Hellmut Hartmann
Es galt, etwas für Kinder zu tun

von Karl-Heinz Heinemann

Hellmut Hartmann, Jahrgang 1937, ist Chefarzt einer kinderpsychiatrischen Abteilung des Landeskrankenhauses in Viersen-Süchteln am Niederrhein. Er hat sich einen Namen gemacht als Therapeut autistischer Kinder. Er lebt dort zusammen mit seiner Frau und zwei Kindern in einem umgebauten Bauernhaus.

Hellmut Hartmann flüchtete noch vor dem Mauerbau aus der DDR. Er studierte erst in Berlin, dann in Köln Medizin, machte in Berlin sein Examen, wo er als Assistenzarzt in einem kinderpsychiatrischen Krankenhaus anfing. Seine politischen Prägungen bekam er in der DDR, wo er zur Schule ging und das Abitur machte. Er war damals in seiner Klasse der einzige, der weder der FDJ noch einer anderen gesellschaftlichen Organisation beitreten wollte.

Das System DDR hat die meisten Schüler herausgefordert, sich politisch auseinanderzusetzen. Es ging meistens in die Richtung, daß wir die Widersprüche feststellten und ein Doppelleben führten, ein relativ angepaßtes in der Schule und ein Leben, das mehr der Realität entsprach.

Ich bin dann in den Westen gekommen, mit 18 – ich hatte etwas diffuse Vorstellungen von dem, was hier im Westen stattfindet. Mein Eindruck war, daß hier im Westen jeder gegen jeden kämpft.

Hellmut Hartmann begann ein Medizinstudium. Ein

Brotstudium, so scheint es zunächst. Denn eigentlich hat er
literarische Interessen, er schreibt auch kleine Stücke und
Gedichte. Warum dann Medizin?

Das sind private Gründe gewesen. Es war mir nahege-
legt, Medizin zu studieren, von meinen Eltern.

Naturwissenschaften legt er zu den Akten, weil er sich
dafür nicht genug mathematisch begabt fühlt, Theaterwis-
senschaften, sein Hobby, das sei ein brotloser Beruf, läßt er
sich von einer Bekannten abraten.

Erst am Ende des Gesprächs erfahre ich etwas von den
familiären Hintergründen seiner Berufswahl.

Mein Vater hat als Chirurg eine eigene Privatklinik gehabt in einer kleinen Stadt in der DDR. Auf dem Flur vor
meinem Zimmer saßen die wartenden Patienten. Das habe
ich doch als sehr belastenden Eingriff in meine Privatsphä-
re erlebt. Das Leben meiner Eltern war durch sehr viel
Streß und Belastung gekennzeichnet – von daher war das
für mich kein vorbildhaftes Leben. Meine Mutter wurde
immer abberufen, wenn Hilfe gebraucht wurde am Ope-
rationstisch ein Stockwerk tiefer. Die Auseinandersetzungen meiner Eltern waren etwas, wo ich dachte, so ein Leben willst Du nicht führen. Ein Stück weit bin ich dann
doch in diese Belastungen hereingerutscht.

Also hat seine Berufswahl doch etwas mit seinem Vater
zu tun gehabt...

Sicher bin ich in seine Fußstapfen getreten. Er wollte
ursprünglich Psychiater werden und ist dann Chirurg geworden, weil er meinte, er könne als Psychiater zu wenig
bewirken. Wenn man so will, habe ich seine Idee weitergeführt.

Als er 1967 in Köln studierte, bekam er Kontakt zu den
»Flöhen«, der politischen Rock-Gruppe »Floh de Cologne«.

Ich bin zu der Gruppe der Flöhe gekommen, als die ihr
erstes Programm vorbereiteten. Ich hatte so liedartige

Verse gemacht, die hab ich den Flöhen gezeigt. Mein Thema war diese Fähigkeit, unberührt zu sein von dem, was wir anderen antun, daß wir andere zu Opfern machen und selbst wenig davon berührt sind. Dieses Thema beschäftigt mich bis heute. Ich hab heute zu tun mit Mißhandlungen an Kindern und sexuellem Mißbrauch – das hat mich damals schon beschäftigt. Und einige dieser Verse wurden dann von den Flöhen als Text angenommen und gesungen. Das war am Ende meiner Studienzeit, bald darauf war ich im Beruf, da war es mir nicht möglich, die Arbeit der Flöhe weiter zu begleiten. Im Laufe der Zeit sind die Flöhe radikaler und eindeutiger geworden. In den späteren Programmen waren dann keine kritischen Töne gegenüber der DDR mehr möglich, und trotzdem – die Art und Weise, wie die Flöhe Politik an die Zuschauer gebracht haben, die hat mir sehr imponiert, immer.

Durch die Flöhe habe ich viele Informationen bekommen über die Zusammenhänge hier im Westen. Ich meine schon, daß mich diese Informationen stark beeinflußt haben. Es gab ein Buch damals, »Verdammter Frieden« hieß das, in dem nachgewiesen wurde, daß es für die Kontrolle der westlichen Wirtschaften notwendig ist, daß die Regierenden die Ausgaben für die Armeen als wirtschaftliches Steuerungsinstrument brauchen. Daß wir eine Armee haben mußten, damit unser Staatsgebilde funktionieren kann, damit habe ich mich auseinandergesetzt. Diese Zwangsläufigkeit von Systemeigenschaften, die hat mich sehr beschäftigt.

1968/69 machte er sein Examen in Berlin. Wie hat er die Studentenrevolte erlebt?

Ich glaube nicht, daß ich jemals fanatisch gewesen bin. Ich konnte mich nicht den Leuten anschließen, die meinten, daß das, was in der DDR oder Sowjetunion geschah, Vorbild sein könne. Insofern war ich vielleicht ein gemäßigter 68er...

Meine erste Auseinandersetzung mit der Polizei hatte ich auf der rechten Seite. Nach dem Mauerbau hatten einige aufgerufen zu einer großen Demonstration. Da setzten sich welche auf der Straße des 17. Juni vor einer Polizeisperre auf die Straße, und ich kam dazu, wie ein kleiner Polizeioffizier den Befehl zum Räumen gab, und wie die Berliner Polizisten da ganz munter auf die Sitzenden eintraten mit ihren blanken Stiefeln und noch von oben mit den Gummiknüppeln draufschlugen. Das waren so erste Erlebnisse.

Es ist die gleiche Empörung gegen Gewalt, die ihn 1961 auf der Seite der Anti-Mauer-Demonstranten stehen läßt und 1968 in der Studentenbewegung. 1968/69, in Berlin, war er – als Vater - in der Kinderladenbewegung aktiv. Er war im Zentralrat der Kinderläden und beschäftigte sich mit deren Erziehungskonzeptionen – von anderen politischen Eindrücken aus dieser Zeit hört man nichts von ihm.

Ich hab in der Zeit auch mein Examen gemacht und meinen Berufsschock erlebt. Die Auseinandersetzung mit den Kinderladeneltern um die richtige Erziehung war eine sehr wichtige Erfahrung.

Die Welt der Kinder- und Jugendpsychiatrie, in die er dann eintritt, scheint mit der Studentenbewegung kaum noch etwas zu tun zu haben. Hinter der konkreten Aufgabe, sich für leidende Kinder einzusetzen, verblassen für ihn alle Theorien.

Die Ansprüche und das, was dann in der Klinik für Kinder- und Jugendpsychiatrie geschah, das klaffte sehr weit auseinander. Dort galt es einfach, für die Kinder was zu tun. Das war in vieler Hinsicht eine sehr große Belastung. Und ich nehme nicht für mich in Anspruch, dort allein als 68er für die Kinder was getan zu haben, ich glaube, alle Mitarbeiter, die dort in der Klinik waren, waren von den Kindern in ihrer Elternrolle angesprochen. Unser

Konflikt war, daß wir viel zu wenige waren, und all das, was wir spürten und sahen, was notwendig gewesen wäre, das konnten wir nur zu einem ganz kleinen Teil realisieren. Es galt, etwas für die Kinder zu tun, mit den Mitarbeitern umzugehen, die hin und wieder auch die Kinder mal schlugen, aus reiner Verzweiflung oder weil sie nicht anders konnten. Das Bemühen um die Verbesserung der Stellensituation in den Kliniken, das hat mich bis heute begleitet.

Ich war dann in der ÖTV tätig, da haben wir innerhalb der Klinik als Studenten zusammengesessen und große Pläne gemacht, die Struktur des Gesundheitswesens zu verändern. Es war das Ziel, die Chefärzte zu entmachten. Aber an die Stelle der Chefärzte rückten die Kommunalpolitiker, eine große Veränderung ist da nicht eingetreten.

Inzwischen ist er aus der ÖTV ausgetreten. Als Chefarzt sah er sich in der Gewerkschaft nicht mehr richtig aufgehoben. Seine Einschätzung der 68er-Bewegung bezieht sich vor allem auf die antiautoritäre Erziehung.

Ich glaube, daß die antiautoritäre Bewegung ganz wichtig war. Wir haben sehr viel mehr von kindlichen Bedürfnissen wahrgenommen. Ich habe meine Therapieform, meine Umgehensweise mit autistischen Kindern entwickelt, und da ist ein Stück antiautoritäre Erziehung mit eingegangen. Auch ein Stück von der geschärften Wahrnehmung für Verhaltensweisen und Bedürfnisse von Kindern. Und wir sind damit ganz erfolgreich. Das hat nichts mit laissez faire zu tun. Das hat viel zu tun mit Kommunikation auf dem Niveau und mit den Möglichkeiten der Kinder.

Meine Frage nach seinen politischen Aktivitäten und Orientierungen löst Verlegenheit aus. Neben seinen Aufgaben als Chefarzt komme er kaum noch zu etwas. Doch dann zählt er eine Menge Aktivitäten auf, die eine Kontinuität erkennen lassen.

Natürlich beschäftigt mich die Politik im kleinen weiter. Aber da ist kaum noch eine Lücke bei mir, um etwas zu machen. Ich habe ein kleines bißchen die Lokalpolitik begleitet, habe bei Gemeinderatssitzungen dabei gesessen, wenn es um Belange unseres Dorfs geht, bin engagiert in einer Initiative, die gegen eine Sondermülldeponie kämpft, bin in einer Bürgerinitiative, die gegen Fluglärm durch englische Tornados tätig ist, mit geringem Erfolg. Ich hab da auch meine berufliche Kompetenz eingebracht und zumindest teilweise das Gutachten des Bundesgesundheitsamts gelesen, was Fluglärm angeht, werde auch in der Klinik darüber einen Vortrag halten, insbesondere darüber, wie Fluglärm auf Kinder wirkt. Bei den Wahlen in der Gemeinde bin ich von den Grünen als parteiloser Vertreter für das Dorf aufgestellt worden und hab immerhin 16 % der Stimmen bekommen.

Manfred Neugroda
Die Rigidität, mit der da gebrochen wurde, finde ich immer noch faszinierend

von Thomas Jaitner

Manfred Neugroda, Sohn eines Postbeamten und einer Hausfrau, wurde 1947 geboren. Er politisierte sich schon als Schüler, war Schülersprecher, las Sartre und Marx und hatte Kontakt zum SDS. Gleich zu Beginn seines Studiums 1966 schloß er sich dem SDS an. Anfang der 7oer Jahre wurde er Mitglied im KBW und ging als Hilfsarbeiter in einen Betrieb. Heute arbeitet er in Köln in der Chemischen Fabrik Kalk. Anfang 1994 wird sein Betrieb dichtmachen. Er arbeitet bei den Grünen mit, ohne Mitglied zu sein.

Ich lernte Manfred Neugroda auf einer Sitzung des Studentenparlaments 1970 kennen. Damals war er mein politischer Gegner. Ich erinnere mich, daß ich mich freute, als er später auf einem großen Teach-in vom Mikrophon gebuht wurde. So waren damals die Verhältnisse unter den Linken. 1973 verschwand er plötzlich von der Unibildfläche. Später hörte ich, daß er in einen Betrieb gegangen war. Ich habe es damals schon bedauert, daß diese inhaltlichen Barrieren verhinderten, daß wir näher in Kontakt kamen. Denn obwohl er mein »Gegner« war, empfand ich ihn als interessant und mutig.

Anfang 1993 las ich wieder von ihm: Die Zeitung veröffentlichte sein Foto als Sprecher des Betriebsrats in einem Bericht über den Kampf der CFK-Belegschaft gegen die

Schließung ihres Betriebs. Sofort erwachte wieder mein In-
teresse an ihm und ich vereinbarte den Interviewtermin.
Vor dem Treffen war ich sehr nervös, aber es entwickelte
sich ein offenes Gespräch, das über vier Stunden dauerte.
Beeindruckend an ihm finde ich, daß er so durchgehalten
hat. Er hat mir viel Stoff zum Nachdenken über mein ei-
genes Leben gegeben.

Wie hast Du das Jahr 1968 erlebt?

Ich habe damals gedacht, daß es tatsächlich möglich ist,
durch entsprechende Anstrengungen zum Umsturz der
Verhältnisse zu kommen, daß es im wesentlichen nur davon abhängt, mit welchem Engagement wir, die Aktivisten, dieses Ziel verfolgen. Das ist aus heutiger Sicht eine
wahnsinnige Selbstüberschätzung, aber es war irgendwie
ein Frühlingsgefühl in der Luft, daß es innerhalb kurzer
Zeit möglich ist, die Verhältnisse sehr radikal zu ändern.
Von daher gibt es auch in der persönlichen Entwicklung
vieler Leute, die ich kenne, die Bereitschaft zu radikalen
Brüchen.

Viele jüngere Leute sind zu dieser Zeit ohne Rücksicht
auf die Konsequenzen, die das bedeutet hat, einer politischen Idee nachgegangen und haben viele, viele Konsequenzen dafür auf sich genommen, etwas aufs Spiel gesetzt, wirklich mit etwas gebrochen, mit Biographien,
Karrierevorstellungen, Erbschaften, was weiß ich alles. Da
sind wirklich persönliche Risiken und Brüche in einer
Konsequenz passiert, das ist wirklich ein Erlebnis, das ist
sehr beeindruckend. Die Rigidität, mit der da gebrochen
wurde, finde ich immer noch faszinierend.

Und wo ist die Rigidität bei Dir?

Die kommt in vielen Punkten zum Ausdruck. Am Anfang meines Studiums war der erfolgreiche Abschluß
überhaupt kein Studienziel. Es war mir völlig egal, ob ich

den Leistungsanforderungen meines Studienganges genügte oder nicht. Ich habe wirklich nur das gemacht, wofür ich mich interessiert habe, was ich für notwendig oder einsichtig gehalten habe. Bis zur letzten Konsequenz: Selbst als mir geschwant hat, daß das am Ende nicht gut geht, war es schon so weit, daß ich das Examen nicht mehr gemacht habe. Das habe ich lange Zeit für nicht besonders schlimm gehalten.

Ich habe geglaubt: Das ist richtig und eine konsequente Haltung. Ich sehe das heute ein bißchen anders, aber ich habe das lange so gesehen. Ich habe keinen Abschluß des Studiums und daraufhin auch keinen Beruf gemacht. Auch der andere Punkt in meiner Biographie, die Entscheidung, in den Betrieb zu gehen, war für mich, was meine persönlichen Belange anging, nie ein Problem, also für meine Karrierevorstellungen oder für das, was ich in meinem Leben werden wollte.

Warum bist Du damals in den Betrieb gegangen?

Du mußt wissen, daß das nicht nur eine persönliche Entscheidung war, sondern eine politische, die viele befolgt haben. Bloß haben andere das frühzeitiger oder später wieder abgebrochen.

1969 gab es die Septemberstreiks. Das war der Anlaß für die Einschätzung, daß jetzt die Arbeiterklasse subjektiv den Kampf auf hoher Ebene wieder aufnimmt. Das war auch meine Überzeugung. Es war eine Befreiung aus dieser etwas isolierten Rolle als Intellektuellen- oder Studentenbewegung, Jugendbewegung, die doch nur eine begrenzte gesellschaftliche Wirksamkeit hatte. 1969 wurde die Arbeiterbewegung wieder zum Erwachen erklärt, und es ging jetzt darum, daß das Erwachen tatsächlich auch zu praktischen Früchten führte. Daraus entwickelte sich die analytische Entscheidung, alles, was in der Lage ist, soll in die Betriebe und dort diese Arbeiterbewegung zur Reife bringen. Das fand ich richtig, und ich habe es gemacht. Es fiel mir auch nicht sehr schwer... Ich habe dann angefangen bei einem metallverarbeitenden Betrieb in Niehl, bei Rheinkabel, bin da nach einem guten Jahr rausgeflogen wegen politischer Betätigung, habe danach in einem Kunststoff verarbeitenden Betrieb gearbeitet und 1977 in der Chemischen Fabrik in Kalk angefangen.

Welche Tätigkeiten hast Du ausgeübt?

Ich habe als Hilfsarbeiter angefangen. Das, was da gerade war. Ich fand das auch nicht weiter schlimm.

Hast Du irgendeine Ausbildung nachgemacht?

Doch, klar. Ich bin jetzt 17 Jahre bei der CFK und da habe ich natürlich eine Ausbildung gemacht. Ich bin jetzt ausgebildeter Kesselwerker und Kraftwerker, das sind Berufsabschlüsse im Rahmen von Tätigkeiten im Kraftwerk. Ich hätte auch noch mehr machen können, aber ich hatte keine Lust dazu.

War das für Dich nicht wichtig, weil Du Dich vornehmlich als politischer Mensch verstanden hast, der eine politische Funktion hat?

Ja, das war einer der Gründe. Der andere Grund ist, daß eine Qualifizierung in bezug auf die Verbesserung der Arbeits- und Einkommenssituation nicht den entscheidenden Sprung macht. Ich habe die Qualifizierung dann gemacht, als sich bei mir ein bestimmtes Interesse an der Tätigkeit selber entwickelte. Das hat sehr lange gedauert. Das hat dann zu mehr Einkommen und zu einer etwas angenehmeren Arbeit geführt, aber so wesentlich angenehmer war das auch nicht. Es hat mir dazu verholfen, genauer und besser beurteilen zu können, was da eigentlich passiert. Das war wirklich gut für meine eigene Expertenstellung, ich bin da schon sehr lange Betriebsrat...

Mir war die Höhe meines Einkommens nie ein Problem, wenn eine bestimmte Grenze nicht unterschritten wurde.

Mit der Frage des materiellen Wohlergehens, oder wie du das immer nennen willst, habe ich eigentlich nie Probleme gehabt... gut, man verdient zwangsläufig relativ viel Geld in dem Betrieb, egal, ob in einer angelernten Arbeit oder einer qualifizierteren. Dadurch kannst du dir einen relativ guten Lebensstandard erlauben. Ich genieße gerne Sachen, aber ich kann mir mein Einkommen so einteilen, daß ich die Sachen, die ich genießen will, auch genieße.

Wie haben die Leute eigentlich reagiert, als Du da jetzt angefangen hast. Warst Du nicht so etwas wie ein Missionar, der den Leuten sagt, was sie zu denken und wie sie zu handeln haben?

Am Anfang gab es da schon sehr große Gräben zwischen den Leuten und mir, und die gibt es auch heute noch. Sie werden durch die unterschiedlichen Lebenswelten für die praktisch sichtbar. Aber für mich waren die nicht so fremd, und ich nehme an, ich bin denen inzwischen auch nicht mehr so fremd. Die kennen meine Vorstellungen sehr genau und können damit eigentlich ganz gut umgehen, und ich mit ihren. Die haben ein gutes Gespür dafür entwickelt, ob sie mißbraucht werden für irgendwelche politischen Ideen, die sie nicht teilen. Da sind sie sehr kritisch und sehr hart, das lehnen sie ab. Auf der anderen Seite haben sie Erfahrungen gemacht mit der Förderung ihres Zusammenschlusses auch durch mich, was zu bestimmten Erfolgen oder Verbesserungen ihrer Lebenssituation geführt hat.

Das ist auch das, was mich persönlich immer sehr fasziniert, das ist weit weg von der revolutionären Vorstellung, daß die unmittelbare Verbesserung der Arbeitsverhältnisse, des Einkommens, der Lebensverhältnisse der Leute ein hohes Gewicht hat. Ich habe die Vorstellung, daß ich, was den Sinn meines politischen Handelns angeht, in den konkreten Veränderungen, die ich mitbewirkt habe, sehr viel erreicht habe, für einen ganzen Haufen Leute in ihren konkreten Lebensumständen. Das befriedigt mich. Damit haben sich meine eigenen Lebensumstände auch mit verändert, ich habe das miteinander verbinden können.

Und das hat mir jetzt eine relativ sichere und akzeptierte Stellung unter meinen Kollegen eingebracht: Ich bin nicht nur der Spinner für die, der ich auch bin, sondern, und das ist jetzt meine Interpretation, auch ein benutzbares Bildungselement, jemand, dessen Fähigkeiten sie nutzen können. Ich lasse mich da gerne benutzen...

Es macht mir auch sehr viel Spaß, eine bestimmte Autorität zu sein, ein bestimmtes Ansehen da zu haben... Wenn ich als Betriebsrat Verhandlungspartner von Abteilungsleitern, Betriebsleitern oder Geschäftsleitern bin, dann ist das immer sehr gleichberechtigt, weil sie wissen, daß ich auf der anderen Seite sitze. Sie sind dann sehr froh, respektieren uns und mich als Gegner, der ihnen in bestimmten Punkten tatsächlich gewachsen ist, was Betriebsräte normalerweise nicht sind. Das stärkt einfach die Betriebsratsseite in den Auseinandersetzungen.

Meine Betriebsratskollegen wissen das sehr wohl zu schätzen. Sie nutzen das auch kräftig aus und übertragen mir bestimmte Funktionen in den Verhandlungen, die ich dann verantwortlich mit der Geschäftsleitung führe, weil sie wissen, daß ich denen gewachsen bin aufgrund meiner Ausbildung, den intellektuellen und rhetorischen Fähigkeiten oder sonstwas...

Wenn Du die alten Leute triffst, hast Du dann nicht manchmal das Gefühl, Du hast etwas versäumt?

Ja, das habe ich auch, also nicht etwas versäumt, sondern ich beneide sie um ihre Lebensumstände... Die Wissenschaftler beneide ich in bestimmter Weise, da bedauere ich, daß ich das nicht gemacht habe. Einmal ist es wirklich interessant, je nachdem, was sie da machen...

Es stimmt auch, daß es mich persönlich sehr viel Kraft kostet, physisch und psychisch, diese beiden Lebenswelten unter einen Hut zu bringen, meine eigene intellektuelle, aus der ich herkomme, und diese Welt der relativ einfachen Fabrikarbeiter. Das ist schon schwierig und kostet auf Dauer Kraft. Es gibt auch ein Element von Ermüdung und Abstumpfung in dieser Fabrikarbeit. Ich habe das früher immer unterschätzt und gedacht, ich wäre hart genug, dem zu widerstehen, das würde mir nichts ausmachen, aber in den letzten Jahren merke ich das schon. Das ist eigentlich immer die Triebkraft zu überlegen, ob man nicht eine leichtere und angenehmere, aber auch befriedigende Art des Daseins hätte.

Ich muß mir das jetzt zwangsweise sowieso überlegen, aber ich habe in den letzten Jahren schon überlegt, da rauszugehen, etwas anderes zu machen. Das ist wirklich auf Dauer nicht aushaltbar. Entweder endet es in Zynismus oder in Erschöpfung, ich weiß es nicht genau, es kostet enorm viel Kraft.

Ist es trotzdem keine Sache, wo Du sagen würdest, damals 1973 habe ich mich falsch entschieden?

Tja, also, 70% nein. Klar sind Zweifel da, ob die Entscheidung wirklich richtig war. Ich bedaure diese Entscheidung nicht. Also wirklich, ich stehe immer noch zu ihr, aber ich halts nicht durch. Ich versuche jetzt, in irgendeiner Weise da rauszukommen. Wenn ich wirklich vor mir selber ehrlich wäre, müßte ich sagen, ich weiß nicht, obs falsch war, aber das kann man nicht ewig machen. Diese Kraft, die ich dafür brauche, habe ich nicht bis 65. Es geht einfach nicht.

Es gab in der 68er Bewegung ja die Vorstellung, daß man auch seine privaten Lebensverhältnisse revolutionieren müsse. Wie ist das bei Dir?

Über meiner Nützlichkeit für bestimmte gesellschaftliche Veränderungen, meinen Einsatz habe ich meine eigenen Bedürfnisse und Talente oder auch Neigungen wenig im Auge gehabt. Viele Sachen, die ich früher konnte, die mich interessiert haben, die ich in bestimmter versteckterer Form immer gepflegt habe, habe ich immer zurückgestellt, wenn es darauf ankam und andere Sachen wichtiger waren. Ich habe das Bedürfnis, etwas Bestimmtes da auch nachzuholen, indem ich mich einen bestimmten Zeitabschnitt mehr darum kümmere, da mehr ausprobiere. Ich weiß nicht genau. Ich weiß nicht, ob sich das in etwas Produktives umsetzt, oder ob das erst mal wirklich eine Frage des Genießens von etwas Bestimmtem wird. Konkret: Ich würde ganz gern – und das werde ich vielleicht auch ausprobieren - für längere Zeit nach Mittelitalien gehen und da einfach irgendwie leben. Ob sich damit irgendeine Arbeit verbindet oder eine Form von Lebensunterhalt, weiß ich noch nicht. Ich werde mal sehen, was das mit mir zu tun hat und welche Neigungen in meinem Kopf sind, die ich da gerne verwirklichen würde.

Es hat wirklich etwas damit zu tun, daß ich jemand bin, der bei diesen 68er Geschichten sehr stark von seinen persönlichen Bedürfnissen immer wieder abstrahiert hat, eigentlich im Widerspruch zu dem, was auch Ziele der 68er waren. Ich habe bestimmte persönliche Lebensveränderungen auch nie ausgetragen, z.B. war Kinderladeninitiative nicht mein Bier. Ich war politisch abgedeckt in meiner Verwirklichung und hatte überhaupt keine Zeit und auch wenig Neigung, auf die Veränderung meiner persönlichen Umstände entsprechend den Vorstellungen von 68 einzuwirken.

Die Beschäftigung mit der persönlichen Entwicklung im Rahmen von Veränderungen habe ich immer verdrängt oder weggeschoben und mich persönlich selber nur verändert mit Leuten außerhalb meines unmittelbaren privaten

Zusammenhangs. Veränderungen in diesen privaten Zusammenhängen haben nur sehr wenig stattgefunden. Die Konflikte und Auseinandersetzungen in der Außenwelt haben mir gereicht. Ich habe versucht, meine kleine private Welt da wegzuhalten. Das war meine Ruhe, Oase, wo ich mich einfach zurückziehen konnte, was aber nicht gestimmt hat, das hat sich als Illusion erwiesen. Ich denke, daß die Familienform der Kleinfamilie wirklich eine Fessel ist. Wir lösen sie gerade zwangsweise auf, weil die Widersprüche zu groß geworden sind.

Es kommt nur irgendwann der Punkt, wo die persönlichen Bedürfnisse und das, was man da macht, nicht mehr miteinander übereinstimmen und dann eine Zurückstellung oder Vergewaltigung der persönlichen Bedürfnisse stattfindet. Wenn ich das so betrachte, dann ist das für mich ein Widerspruch, den ich als nicht richtig im Griff betrachte, das ist für mich immer noch offen und ungelöst. Das ist ein Problem, da weiß ich nicht, wie ich das auf die Reihe kriege.

Du warst in den 70er Jahren im KBW. Bist Du damals Parteibeauftragter im Betrieb gewesen?

So habe ich mich nicht gefühlt. Ich war der Überzeugung, daß die Gewerkschaftsbewegung eine Demokratiesäule in dieser Gesellschaft ist. Das war kein Parteiauftrag, den ich da ausgeführt habe, sondern das war eine persönliche Überzeugung, die ich auch heute noch habe, wobei die Geschwindigkeit, mit der Gewerkschaften den Fortschritt durchsetzen, nachgelassen hat.

Was hast Du nach dem Ende des KBW gemacht?

Ich habe damals ein bestimmtes Erlebnis gehabt im Zusammenhang mit der Entwicklung von Solidarnosc in Polen. Ich habe sehr früh hier in Köln zum Unterstützerkreis dieser Gewerkschaftsbewegung gehört und auch viele Kontakte nach Polen gehabt. Die Leute, die diese Bewegung unterstützt haben, standen unter ziemlich heftiger Kritik von links, und zwar nicht nur von den DDR-Gefolgsleuten aus der DKP, sondern auch aus dem anderen linken Spektrum wegen der Verbindung zur katholischen Kirche, durchaus auch wegen reaktionärer und chauvinistischer Elemente, die es in dieser Bewegung tatsächlich gegeben hat, das ist nicht das Problem...

Das ist eine von meinen positiven Erfahrungen. Da hat mein Unterscheidungsvermögen wirklich gereicht, um eine bestimmte politisch-gesellschaftliche Bewegung, die in einem Land vor sich geht, für richtig zu finden und sie auch entsprechend zu unterstützen gegen alle Argumente oder Widerstände, die sich in befreundeten politischen Lagern entwickelt haben.

Ich persönlich habe an diesen Sachen viel gelernt, es hat auch die Art meiner eigenen Betätigung in dieser Gewerkschaftsbewegung und in dem Betrieb, in dem ich arbeite, also meine eigene politische Praxis sehr stark beeinflußt. Also die Frage, was die Demokratie im eigenen Laden angeht, in welchen Formen sich der Zusammenschluß von Beschäftigten entwickelt und politische Veränderungen in Gesellschaften möglich sind. Es ist die Entwicklung von Gegenmacht, ich will das jetzt nicht im revolutionären Sinn entwickeln. Ich denke mir das jetzt als Entwicklungsmodell für gesellschaftliche Veränderung. Ich will das jetzt auch nicht als machtpolitische Auseinandersetzung verstehen, sondern als Versuch, ein konkretes Gegenmodell zu verwirklichen oder anzufangen aufzubauen. Das ist ein entscheidender Veränderungshebel, um gesellschaftliche Verhältnisse in Bewegung zu bringen.

Es geht um den Versuch, ein konkretes Projekt als Gegenentwurf, Alternativentwurf zu bestehenden auf die Beine zu bringen. Das ist immer noch eine Schwäche auf linker Seite, daß zu wenig an der Umsetzung von Utopien in ein gesellschaftlich praktizierbares Gegenmodell gearbeitet wird. Damit geht man auch eine konkrete Verantwortung ein, wo man nicht nur Theorien bastelt, sondern wo man auch etwas probiert. Da kann man auch auf die Schnauze fallen, das ist in der Regel sogar eher der Fall, als daß man Erfolg hat, aber man muß wirklich mal etwas ausprobieren, davon halte ich sehr viel. Das heißt, man muß sich dann auch auf bestimmte konkrete Umstände einlassen.

Bist Du eigentlich resigniert?

Ich bin abgekehrt davon, daß sich gesellschaftliche Widersprüche in revolutionärer Form austragen. Ich weiß nicht, ob das immer schon so war, die Verhältnisse sind wirklich so kompliziert und die Leute selbst sind so kompliziert, daß diese Bruchlösungen bezogen auf eine Gesellschaft mir nicht mehr so leicht vorstellbar sind. Das ist keine Alterserfahrung oder Resignation, sondern das ist wirklich die Lehre aus der Erfahrung mit konkreter Veränderung.

Ich persönlich bin vielleicht in bestimmten Sachen nicht mehr so engagiert, was meine eigene Kraft angeht. Was meine Vorstellung angeht, welche größeren gesellschaftlichen Veränderungen sich noch abspielen können und auch abspielen werden, jetzt aus meiner Sicht nach vorne entwickelt und nicht nach rückwärts, da bin ich doch optimistisch. Ich glaube nicht, daß die Welt so schlecht wird. Ich denke schon noch, daß sich nach einer bestimmten Zeit wieder einiges tun wird an gesellschaftlichen Reformbewegungen, daß es wieder vorwärts geht in bestimmten Bereichen.

Die Situation birgt eben nicht nur Risiken, sondern auch viele Chancen. Es dauert noch ein bißchen, es gibt noch nicht gesellschaftliche Kräfte, die so etwas auf die Schiene bringen, aber ich glaube nicht, daß es noch allzu lange dauert. Ich bin da sehr zuversichtlich.

Bernd F. Lunkewitz
Mehr Reichtum und individuelle Freiheit

von Karl-Heinz Heinemann

Insider befürchteten, daß es dem Immobilienmakler Bernd F. Lunkewitz nur um das im Zentrum der neuen Hauptstadt gelegene Verlagsgebäude ging, als er den Aufbau-Verlag in Ost-Berlin erwarb: Das war angesichts der ungewissen Zukunft des auf Klassik von Aischylos bis Zweig spezialisierten DDR-Verlags noch das sicherste an diesem Verkaufsobjekt der Treuhand. Doch der Poker um das Grundstück ist ausgestanden, und der millionenschwere Neuling in der Literaturbranche kümmert sich inzwischen selbst um die Verlagsgeschäfte.

Bernd F. Lunkewitz, Jahrgang 1947, geriet vor 25 Jahren zum ersten Mal in die Schlagzeilen: 1969 wurde er bei einer Demonstration in seinem Heimatort Kassel von einem Leibwächter des NPD-Führers Adolf von Thadden niedergeschossen. Vielleicht haben diese Schüsse damals dazu beigetragen, die sozialliberale Koalition zu ermöglichen, denn die NPD scheiterte kurz darauf bei den Bundestagswahlen an der Fünf-Prozent-Hürde. Lunkewitz kommt darauf nicht zu sprechen. Zum Schluß frage ich ihn, ob ihn diese doch sicher schockierende Erfahrung nicht gezeichnet habe. Er spielt diese Schießerei herunter. Wäre er damals bei den Spontis oder Chaoten gewesen – die hätten ihn sicher auf Händen durch die Stadt getragen, meint er, doch er war in der rigiden maoistischen

KPD/ML. Die wollten keine spektakulären Helden, und so mußte er schnell und bescheiden in die Anonymität des Parteikaders zurücktreten.

Auch heute hält er sich lieber zurück. Über den Aufbau-Verlag und das Projekt Weltbühne sei er der Öffentlichkeit auskunftspflichtig, aber sein Weg vom Maoisten zum Makler? Da hat er zunächst Zweifel, ob er darüber reden soll. Schließlich stehe ich doch vor dem mit Zaun und Gitter gesicherten Grundstück in Frankfurt-Louisa, in einer englischen Parklandschaft. Vor dem Grundstück der chauffeurgepflegte schwarzglänzende Daimler, das teuerste und schwerste Modell. Hinter dem Zaun die Geschäftsvilla seiner Immobilienfirma. Im Hintergrund eine Baustelle: Da läßt er gerade anstelle der abgerissenen Opel-Villa ein kleines Schlößchen für sich bauen, von Prinz Charles Lieblingsarchitekten Terry.

Nein, das ist nicht meine Welt. Warum eigentlich nicht? Lunkewitz ist mein Jahrgang. Und er hat zur selben Zeit wie ich in Frankfurt studiert, ist einen noch radikaleren Weg gegangen als ich. Und heute hat er genug Geld verdient, um sich seine Wünsche zu erfüllen, vom schwarzen Daimler über das Schlößchen, eine Gemäldesammlung, bis hin zu einem Verlag. Er schreibt nicht nur im Feuilleton über Städtebau, er kann eingreifen und baut selbst – besser: Er läßt bauen. Hat er nicht auch meine unterdrückten Wünsche nach Geld, Macht und Reichtum verwirklicht? Sicher fasziniert mich seine Geschichte auch deshalb. Alle Welt kann sehen, welchen Erfolg er in den vergangenen zwanzig Jahren gehabt hat. Vielleicht ist mein Blick auf Lunkewitz' Widersprüche auch durch Neid geschärft, den ich mir nur ungern eingestehe.

»Geschäftshaus« steht ganz anonym an der Gegensprechanlage. Nur das kleine rote Schild »Weltbühne« darunter gibt – wenn auch irreführend – Auskunft über den

Bewohner. Lunkewitz hatte den kleinen Verlag der
»Weltbühne« gekauft, die in der DDR eine Nischenexi-
stenz fristete. Er wollte die von Siegfried Jacobsohn und
Carl von Ossietzky gegründete Zeitschrift auf Hochglanz
bringen – doch er scheiterte am Einspruch des Jacobsohn-
Erben. So bleibt ihm vorerst nur der Aufbau-Verlag als
kulturelles Hobby. Der Hausherr führt mich in einen Kon-
ferenzraum – der einzige Wandschmuck ist ein Aufriß der
Fassade der Frankfurter Alten Bibliothek, deren Restaura-
tion er von der Stadt erwartet.

Lunkewitz studierte in der Hoch-Zeit der Studentenbe-
wegung in Frankfurt Germanistik und Politik.

Ich bin nicht in die Sponti- und Chaotenbewegung,
sondern in die KPD/ML gegangen, hab die Rote Garde
Bockenheim gegründet und versucht, mit jungen Arbeitern, Lehrlingen Bündnisse zu schließen, also auf 'ner viel
breiteren Basis die politische Bewegung anzuschieben,
habe aber dann recht schnell erkannt, daß für mich sowohl
das Studium als auch diese politische Bewegung recht aus-
sichtslos sind.

Ich bin nicht in einen Betrieb gegangen. Mir hat dieser
Proletkult nicht so recht gepaßt. Ich konnte es nicht mal
so genau begründen, aber mir hat es nicht eingeleuchtet,
daß jemand mit proletarischer Herkunft besser geeignet
sein solle, irgendeine Funktion in einer proletarischen
Partei auszuüben, als jemand, der aus dem Kleinbürger-
tum oder selbst aus der Großbourgeoisie kommt.

Das hat zu 'ner Menge Konflikte geführt und zusammen mit allgemeinen theoretischen Überlegungen dann
dazu, daß ich 1971 aus der KPD/ML ausgetreten bin –
bzw. ausgeschlossen wurde.

War es also ein Karriereknick bei den Maoisten auf-
grund kleinbürgerlicher Herkunft, der seinen weiteren

Lebensweg so entscheidend beeinflußte? Auch die Studentenbewegung sieht er heute unter dem Gesichtspunkt des Kampfes um Privilegien: Durch die Bildungsexpansion sei der automatische Übergang vom Studium in die »höheren Klassen« verstopft gewesen.

Man könnte also genauso gut sagen, daß die Studentenbewegung eine Bewegung war, die studentische Privilegien, Privilegien des Zugangs in höhere Gesellschaftsschichten versucht hat zu verteidigen und das zudem sehr aggressiv.

Seine Trennung von der KPD/ML hat er auch theoretisch im Rahmen des historischen Materialismus verarbeitet.

Für mich war der Kapitalismus in dieser Zeit – auch heute noch - eine durchaus vorwärtsweisende, moderne Kraft, die auf der ganzen Welt noch bei weitem nicht durchgesetzt ist – es gibt ja immer noch viele Länder, ich würde sogar sagen, der größte Teil der Menschheit lebt heute noch in vorkapitalistischen Gesellschaften. Und solange die sich nicht angepaßt haben, wird eine sozialistische Revolution nicht möglich sein. Wobei Sozialismus für mich bedeutet hat die Vergesellschaftung des Reichtums – und nicht der Armut, also mehr Reichtum, mehr Freiheit, mehr Entfaltung der Persönlichkeit des einzelnen und nicht etwa weniger.

Von dieser Einsicht zum Multimillionär scheint es einen geraden Weg zu geben.

Das einmal erkannt zu haben, daß es im Moment keine Möglichkeit für eine soziale Umwälzung gibt, die mehr Reichtum, mehr Entfaltungsmöglichkeiten für den einzelnen bringt – und viele Dinge, die im nachhinein noch eine Rolle gespielt haben, Umweltschutz und Kriege verhindern -, das einmal eingesehen, muß man auch als Marxist von etwas leben, Miete zahlen, Essen zahlen.

Und so entschloß er sich, den gesellschaftlichen Reichtum zunächst einmal über sein Konto laufen zu lassen und die individuellen Entfaltungsmöglichkeiten für sich zu realisieren.

Ich habe nach meinem Bruch mit der KPD/ML erstmal eine Zeitlang in Frankreich verbracht und mich hier komplett ausgeklinkt. Ich bin dann mit einigen Schulden zurückgekommen und habe angefangen, im Studentenschnelldienst Jobs anzunehmen. Und dann hat man mir 1973 einen Aushilfsjob bei einer internationalen Immobiliengesellschaft angeboten, einer der größten und ältesten Gesellschaften der Welt. Die zahlten sehr gut – 20 Mark die Stunde. Nachdem ich das recht gut gemacht habe, hat man mir einen längeren Job angeboten – die haben damals Personal gesucht, sodaß ich in diese Beratungsfirma für Marktuntersuchungen eingestellt worden bin.

Ich habe internationale Kapitalanleger bei gewerblichen Immobilienanlagen beraten. Dort wurden Bürohäuser gekauft und verkauft, bewertet und vermietet.

So wurde aus der Sorge, als Marxist die Miete zahlen zu müssen, die Gewißheit, Miete kassieren zu können – immer noch als Marxist. Was kann einen an Immobilien faszinieren – außer dem Geld, selbstverständlich?

Man kann sich damit beschäftigen, nicht nur Hochhäuser hinzustellen, sondern auch andere Gebäude, die das Gesicht einer Stadt prägen, und sich dabei bemühen, das auch verträglich zu machen.

Das ist keine abstrakte Sache gewesen, wo man gesagt hat – die Weltrevolution, sondern ein ganz konkretes Projekt, ein Grundstück, ein konkretes Haus, das dann konkret an einen Mieter oder Nutzer geht und verkauft werden kann mit einem konkreten Gewinn, der übrig bleibt. Also, eine sehr greifbare und anschauliche Tätigkeit, die, da man von Beginn bis Ende daran beteiligt ist, auch sehr befriedigend ist. Man sieht das Resultat seiner Arbeit, und es kann sich dort sehr viel an individuellem Geschick und Verhandlungsmöglichkeiten niederschlagen.

Am Geschick scheint es nicht zu mangeln – und so soll sein Vermögen inzwischen auf einen dreistelligen Millionenbetrag aufgelaufen sein. Wie macht man das?

Die Gesellschaft spielt sich ab wie die Reise nach Jerusalem. Und wenn man hier sehr glücklich ist, dann ist man der letzte, der sich noch auf den freien Stuhl hinsetzt, und die anderen müssen stehen. Das sind die Regeln im Kapitalismus. Da kommt es auf die Geschicklichkeit an.

Lunkewitz sieht sich nach wie vor als Marxisten. Was sich in Rußland und auch in China als sozialistische Revolution ausgegeben hatte, sei in Wirklichkeit nur eine nachgeholte bürgerliche Revolution gewesen. Der Sozialismus stehe einfach noch nicht auf der Tagesordnung.

Ich habe den Untergang der Sowjetunion und der osteuropäischen Länder vorhergesagt. Ein quasi-feudales System ist dort zusammengebrochen, und nun erleben wir den Übergang zum Manchesterkapitalismus in Rußland. Und China wird über kurz oder lang denselben Weg gehen – da sehe ich keinen prinzipiellen Unterschied.

In einem historischen Exkurs beschwört er die Kolonialisierung der DDR durch die Sowjetunion. Und – beteiligt er sich nicht mit seinen Geschäften in Ostdeutschland aktiv an einer Art neuem Kolonialismus?

Man hat die Menschen dort in einem restfeudalen System gefangengehalten. Und was die Kapitalistenklasse da heute untereinander tut, das kann der großen Mehrheit des Volkes doch relativ egal sein, unter der Voraussetzung, daß dort die Arbeiter ihre Arbeitskraft zu einem möglichst günstigen Preis verkaufen können. Alles andere, wer sich jetzt was aneignet, spielt da keine Rolle. Hauptsache, es geht relativ reibungslos vor sich.

Was er einst in den Schulungen aus »Lohnarbeit und Kapital« gelernt hat, kann er offenbar auch in seiner heutigen Funktion gut gebrauchen, nicht anders als die rheinischen Kaufleute, die seinerzeit Marxens »Kapital« mit Gewinn lasen.

Mit dem Zusammenbruch des Sozialismus sieht er sich bestätigt.

Die heutige bürgerliche Gesellschaft ist in der Tat die am weitesten fortgeschrittene, die am meisten Freiheit, Reichtum und Möglichkeiten der Entfaltung für den Menschen bringt. Schauen Sie sich die restfeudalen Gesellschaften an, China, Sowjetunion, oder gehen Sie nach Afrika - was wir hier dagegen an Freiheiten haben, ist ungeheuer. Ich bin absolut dafür, unsere Verfassung zu verteidigen. Das ist die höchste Stufe der gesellschaftlichen Entwicklung, die wir jemals erreicht haben. Und ich will nicht zurück, sondern wenn, dann weiter nach vorn.

Und so gesehen ist er als Kapitalist noch immer Vertreter der fortschrittlichsten Klasse. Als Marxist kämpft er immer noch um Gleichbehandlung in der bürgerlichen Gesellschaft: Er sehe nicht ein, warum er sich dafür rechtfertigen solle, daß er in sehr komfortablen Verhältnissen lebe, wie er sagt. Gleiches verlange man von Christen oder gar der Kirche doch auch nicht. Den Einwand, daß unser Reichtum doch auch auf der Ausbeutung der Dritten Welt beruhe, weist er zurück.

Die anderen kommen aus der ganzen Sache nur heraus, wenn sie – Mao Tse Dong hat das mal ganz richtig gesagt – im Vertrauen auf die eigene Kraft sich selber entwickeln können, d.h. wenn sie in ihrem eigenen Land die ursprüngliche Akkumulation des Kapitals durchführen, selber ihr eigenes Volk unter kapitalistische Verhältnisse zwingen, Reichtümer dort aufhäufen. Wenn sich der Kapitalismus auf diese Weise wirklich duchgesetzt hat, dann wird es Riesenprobleme geben. Wir haben doch bei uns schon de facto 5 bis 6 Millionen Arbeitslose, trotz unseres immensen Reichtums. Da ist die Divergenz dieser sozialen Entwicklung doch mit Händen greifbar.

Lunkewitz' Zeit ist teuer, und so verkneife ich mir eine Debatte über sein Geschichtsbild.

Von den Ansätzen der Studentenbewegung, die persönlichen Beziehungen zu revolutionieren, hält Lunkewitz nichts.

Diese vielen Befreiungsideologien waren aus der Nähe betrachtet doch sehr zweischneidig. Ich weiß noch recht gut, nehmen wir mal die sexuelle Befreiung – sie wurde gerade von den Männern damals als Instrument benutzt, um die Frauen noch mehr zu unterdrücken, als sie vorher schon unterdrückt waren. Es wird da vieles heroisiert, viele – ich selbst eingeschlossen – waren relativ dumme Jungs damals.

Sein heutiger Lebensstil hat nichts mehr mit dem Puritanismus der ML-Sekten noch mit der spontanen Formfeindlichkeit der antiautoritären Revolte zu tun.

Ja, es spielt sich alles sehr viel mehr auf der Ebene ab, die wir damals als verspießert bezeichnet haben. Ich bin verheiratet, ich bin über 30, all diese Dinge, nur: Ich lebe nicht in der kleinen Welt wie meine Eltern. Und für uns ist der Staat auch nicht mehr die Obrigkeit. Ich glaub, daß vielen aus der 68er-Bewegung der Staat nicht mehr unbedingt ein Feind ist, aber doch von ihnen relativiert und als etwas gesehen wird, mit dem man sich auch anlegen kann.

So ganz ungebrochen kann er den Gewinn an demokratischem Verhalten, an Zivilcourage aber auch nicht mehr gutheißen.

Dieses Selbstverständnis, auch Nein zu sagen und seine Interessen in die eigene Hand zu nehmen, das gehört sicherlich zu einer reifen bürgerlichen Gesellschaft. Was wir heute an liberaler Demokratie in Deutschland haben, verdanken wir ja zum großen Teil der Studentenbewegung. Mit allen sich daraus auch ergebenden Nachteilen – also den Bürger-Bewegungen für und gegen alles, endlosen Klagen und Rechtsmitteln für alles, der Lobbyismus, das sind die Nachteile einer solchen freien Gesellschaft, aber die nehme ich gern in Kauf.

Lunkewitz kümmert sich nicht nur ums Geschäft, sondern auch um die Kultur.

Ich habe ja immer versucht, die Verbindung zu halten zur kulturellen Szene. Ich hab die Literatur verfolgt, lese das gräßliche Feuilleton, und hab mich auch für die Stadt eingesetzt. Ich habe Vorschläge gemacht zum Wiederaufbau der Oper, ein Musicaltheater, ich hab mich an der Seite von Herrn Bubis damals bei dem Faßbinder-Stück »Stadt, Müll, Tod« engagiert und Vorschläge zum Wiederaufbau der Alten Bibliothek unterbreitet.

Das hat mich interessiert, vielleicht, weil ich aus der Studentenbewegung noch den Anstoß habe, daß man in dieser Gesellschaft nicht nur die Vorteile kassieren kann, sondern, sich als politischer Mensch verstehend, sich am Gemeinwesen beteiligen soll und sich einbringt. Das haben ja auch viele meiner Altersgenossen so getan. Leider Gottes die Jugend heute nicht mehr.

Der Aufbau-Verlag, der gescheiterte Versuch, die Weltbühne weiterzuführen, und nun auch noch einige große Buchhandlungen in Ost-Berlin, das sind zwar Millionenobjekte, aber neben dem Handel mit Hochhäusern nehmen sie sich bescheiden aus.

Ich habe genug, um in sehr komfortablen Verhältnissen zu leben, und auch so viel Geld übrig, um mir dieses kulturelle Interesse eines literarischen Verlages erlauben zu können. Und das ist für mein Leben wichtig. Irgendwann, spätestens mit 40, wenn man 15 Jahre in einem Job gearbeitet hat, dann fragt man sich doch: War das alles? Kann man nicht noch ein bißchen mehr aus seinem Leben machen?

Er versteht sich nicht nur als Geldgeber, sondern er mischt sich in die Verlagsgeschäfte ein. Den alten Verlagsleiter Faber, der zu DDR-Zeiten als durchaus wendig und rege galt, hat er entlassen. Er hatte mit ihm Differenzen über die marktgerechte Gestaltung des Sortiments. Faber wollte an der aufwendigen, bibliophilen Produktion aus DDR-Zeiten festhalten, doch Lunkewitz meint, daß die Zeit der subventionierten Literaturproduktion vorbei sei. Am Verlagsprofil will er nichts ändern: Ist sein Engagement als Verleger, als Retter einer ostdeutschen literarischen Institution, eine späte Form der Verarbeitung seines revolutionären Kampfes von 1968?

Es ist sicherlich nicht die Fortsetzung eines revolutionären Kampfes, aber es ist ein Engagement, das über den direkten und unmittelbaren Nutzen hinausgeht, wobei ich den natürlich nicht verschweigen will. Der unmittelbare Nutzen ist nicht unbedingt in Geld zu messen - wobei ich das auch für legitim halte. Er ist zu messen an meinem eigenen Lebensentwurf – da habe ich in der Tat etwas davon, wenn es mir gelingt, den Aufbau-Verlag zu sichern und profitabel zu machen.

Meine Zweifel daran, wie er aus dem Marxismus seine historische Mission als Kaufmann, oder, um in der passenden Terminologie zu bleiben, als Kapitalist ableitet, nötigen ihn schließlich zu einem Bekenntnis.

Es hilft gar nichts, aus unserer Gesellschaft herauszuspringen. Wir können nicht aus unserer Zeit und unserer Haut, sondern wir müssen hier leben, in dieser Gesellschaft und in dieser Wirklichkeit zurecht kommen, und zwar so, daß wir ein kleines Steinchen zu einer Entwicklung beitragen, die dann eines Tages zu einer besseren und freieren Gesellschaft führt. Und diese Fackel weiterzutragen, die der Aufklärung, das ist im Grunde das, was man als Verleger heute tun kann. Das versuche ich mit dem Aufbau-Verlag zu machen. Und insofern ist es eine Fortsetzung des Kampfes, den ich in den 60er Jahren begonnen habe.

Christoph Zöpel

... und wenn man sich an die gesellschaftlichen Regeln hält

von Karl-Heinz Heinemann

Im Fotoarchiv des »Spiegel« gibt es ein Bild, das alle paar Jahre veröffentlicht wird. Es zeigt den 37-jährigen Rektor der Ruhruniversität von 1968, Kurt Biedenkopf, ihm zu Füßen bin ich, 25 Jahre jünger, zu sehen – neben Biedenkopf steht der damalige Asta-Vorsitzende, Christoph Zöpel. Es wunderte mich nicht, daß er später als Minister für Verkehr und Städtebau in den Zeitungen auftauchte - wir hatten damit gerechnet, daß er Karriere machen wird. Damals galt er als Rechter und als Opportunist in der Studentenpolitik. Daß er dann wegen Meinungsverschiedenheiten aus dem Kabinett Rau ausschied, sprach eigentlich gegen seinen Opportunismus. Er stimmte als Bundestagsabgeordneter gegen die Duchlöcherung des Asylrechts, was ihn eher als Linken innerhalb der SPD-Fraktion ausweist.

Ich besuche ihn freitags am Spätnachmittag in seinem Büro im Bonner Abgeodnetenhochhaus – gähnende Leere ringsum. Fleißig ist er also, der jetzt im Schattenkabinett von Rudolf Scharping für Wohnungsbau, Mieten und Verkehr zuständig ist. Christoph Zöpel erinnert sich nicht mehr an mich – er ist fünf Jahre älter, ich war damals im zweiten Semester, für die Humanistische Studentenunion frisch im Studentenparlament und der Fachschaft. Er ist gerade 50 geworden, nimmt noch Glückwünsche entgegen. Auf seine erste Frage antworte ich ihm, daß ich das

*Gespräch veröffentlichen möchte - also kein Hintergrund-
gespräch »unter c«, wie es in Bonn heißt, wenn man nichts
veröffentlichen darf. Aber das allein wird nicht seine trok-
kene Zurückhaltung erklären.*

War er denn nun ein »68er«?

Wenn ich dazu ja sage, dann deshalb, weil es für mich
das Alter war, in dem die politischen Prägungen stattfin-
den. Und in der Nachbetrachtung waren diese Jahre etwas
spannender und interessanter als die darauf folgenden.

*Zur Schule gegangen ist er in Minden. Seine Eltern,
·Flüchtlinge aus Schlesien, waren Gymnasiallehrer. Was
hat ihn denn politisiert?*

Eine Auseinandersetzung mit dem Elternhaus war das
nicht und auch keine Konfrontation mit der Schule. Meine
Eltern hatten eine eindeutige Meinung zum Nationalsozialismus und seinen negativen Folgen. Sowohl mein Vater wie meine Mutter waren Primäraufsteiger aus dem Ar-
beitermilieu.

*Die Schule hat vielleicht sein politisches Interesse ge-
weckt - mehr aber auch nicht. Doch, er erinnert sich an
eine Konfrontation.*

Der Tag der Heimat wurde von allen Schulen begangen,
und ich hatte mich geweigert, da hinzugehen. Es wurde
darüber gesprochen, ob das nicht schuldisziplinarische
Konsequenzen haben müßte – aber mein Leistungsstand
war so, daß sie sich dann nicht an mich rantrauten. In dem
altsprachlichen Gymnasium, in dem ich 62 Abitur gemacht habe, war man schon in der Minderheitenposition,
wenn man nicht für die CDU oder FDP war. Es gab damals eine Probewahl, und da hätten aus der ganzen Klasse
zwei SPD gewählt – einer davon war ich – und zwei die
DFU.

*Christoph Zöpel ging nach Berlin an die FU und stu-
dierte dort Wirtschaftswissenschaften. Gleichzeitig trat er*

in die SPD und den damals als parteifromm gegründeten SHB ein. Der SDS wäre für ihn nicht in Frage gekommen.

Damals wäre ich nicht auf die Idee gekommen, mich einer politischen Richtung anzuschließen, die nicht die Chance hatte, parlamentarisch tätig zu werden. Damit reduzierte sich die Auswahl auf drei Parteien, die man ernst nehmen konnte.

Das erste einschneidende studentenpolitische Erlebnis war die Wahl eines korporierten Studenten zum Asta-Vorsitzenden, der Mann ist noch relativ bekannt, Eberhard Diepgen, dann die erfolgreiche Abwahl von Diepgen durch eine Urabstimmung. In dem neuen linken Asta war ich dann 63 Mitglied. Damals gab es Ereignisse, die man sich später nicht mehr vorstellen könnte. Ich habe es miterlebt, wie Kennedy da war, und ich fand es ganz toll, man war eine ganze Nacht aufgeblieben, um Kennedy in der FU sprechen zu sehen, und alle waren begeistert.

Christoph Zöpel erinnert sich an die Demonstration gegen den »Lumumba-Mörder« Tschombé im Dezember 1964 in Berlin. Die Entstehung der außerparlamentarischen Opposition hat er, nach eigenem Bekunden, mehr von außen betrachtet.

Damals war Rudi Dutschke eine exotische Randfigur, über die man ein bißchen lächelte. 1966 bin ich nach Bochum weggegangen, und erst danach wurde es etwas heftiger.

Wollte er aus dem unruhigen Berlin in die ruhige Provinz flüchten?

Da ist schon was dran. In Berlin spitzte sich das alles sehr zu, wurde sehr schroff, und so schroff war ich eigentlich nie. Auch in der SPD wurde es ein bißchen ungemütlich. Bochum dagegen war eine neugegründete Uni, das war Neuland.

Von 1965 bis 67 war er Bundesvorsitzender des SHB, dann wollte er mit der Studentenpolitik aufhören. 1967 hatte der SHB gegen die eigenen Erwartungen die Studentenparlamentswahlen in Bochum gewonnen.

Der Spitzenmann, ein ganz unerfahrener junger Student im zweiten Semester, kriegte Angst, da haben sie mich bearbeitet. Ich hab nochmal zum Asta-Vorsitzenden kandidiert, dann kam ein familiäres Ereignis dazu, das mich dazu brachte, schnell Examen zu machen.

Bevor er auf Einzelheiten dieser Zeit der Uni-Besetzungen, Senatssprengungen, Rote-Punkt-Aktionen, Straßenbahnbesetzungen, Erstürmung des DGB-Hauses und des Betriebsgeländes des »Bochumer Vereins« in der Anti-Notstandskampagne zu sprechen kommt, rückt er erst einmal gerade.

Es begann sich eine Differenzierung abzuzeichnen, wie die Studenten sich dazu verhielten, ob im weiten Sinne innerhalb der Verfassung oder außerhalb der Verfassung. Ich hab immer für die Position gestanden, es innerhalb der Verfassung zu tun. Sicher, es gab erhebliche Auseinandersetzungen, wir hatten Sprengungen von Senatssitzungen, auch in der Zeit, als ich als studentischer Vertreter dem Senat in Bochum angehörte. Aber gleichzeitig lief eine intensive Arbeit mit den Institutionen, Hochschulsatzung, Hochschulgesetze, mit einem Drittel der Sitze für die Studenten. Sehr bald fiel auf, daß von den Studenten diese hohe Parität garnicht besetzt werden konnte. Und es gab andere, die das alles für Quatsch und völlig daneben hielten und andere Aktionsformen wählten.

Das ist ihm so wichtig, daß er es noch einmal bekräftigt: Er sei immer für Aktionsformen innerhalb der Verfassung gewesen. Damit habe er im studentischen Spektrum eher zu den Rechten gehört.

Weil ich die Reden gegen die Notstandsgesetze gehalten habe, hat sich das oft anders dargestellt. Andererseits habe ich gesagt, man kann mit jedem reden. Das ist eher angeboren, daß man mit jedem reden kann.

Christoph Zöpel schildert den Verlauf einer Senatsbesetzung wegen der Notstandsgesetzgebung, an der er nolens volens beteiligt war.

Es war überhaupt mühsam, daß die Sitzung stattfand, es herrschte eine maßlose Erregung. Ich hab dann zu Beginn der Sitzung den damaligen Rektor Biedenkopf zitiert: Er hat gesagt, die Universität ist verpflichtet, Stellung zu nehmen zu allen politisch relevanten Problemen der Gesellschaft, und zwar, bevor sie entschieden sind. Und deshalb, habe ich gesagt, fordere ich die Universität auf, daß sie sich mit der Notstandsgesetzgebung beschäftigt. Darauf beschloß der Senat, der voller Erregung über die irren Studenten zusammengetreten war, daß die Studentenschaft an einem vorlesungsfreien Tag Veranstaltungen zu den Notstandsgesetzen machen konnte. Ich hatte damals ein gewisses Vertrauen, daß man mit allen vernünftig reden kann, wenn man sich an die gesellschaftlichen Regeln hält.

Er verstand sich also als Moderator?

Ich hab immer davon abgeraten auszuflippen. Und ich muß im nachhinein sagen, das war sehr richtig, denn die ausgeflippt sind, haben auch individuell wenig davon gehabt. Und das lag nicht nur an der Gesellschaft. Einige hielten dem psychischen Druck nicht stand, in dem sie sich selbst bewegten.

Er hat nie von dem Plan Abstriche gemacht, einen ordentlichen bürgerlichen Beruf zu ergreifen.

Ich hatte keine revolutionäre Berufsperspektive. Diejenigen, die uns vorwarfen, ihr Sozialdemokraten mit eurer Karriereorientierung oder wie das alles hieß – sie waren doch auch unter den Studenten irgendwie existentiell Außenseiter und hatten sehr schnell auch sonstige Merkmale von Außenseitertum. Sei es, daß sie selbst für einen Studenten ein bißchen oft schon am Vormittag Bier getrunken hatten.

Sicher, es gab auch ein paar seriöse. Das begann dann schon, daß sie sich wegen des fatalen Extremistenbeschlusses anpaßten. Und ich kenn dritte, die relativ hart maoistisch tätig waren, die konnte man nach einiger Zeit in christlich-fundamentalistischen Bewegungen kennenlernen.

Nach Examen und Promotion hat er dann 1970 zum Landtag kandidiert, ist 1972 nachgerückt – »und dann hat es mich da irgendwie gehalten«.

Er hat geradewegs eine Politikerkarriere angestrebt...

... wenn Sie gemacht sagen, stimme ich Ihnen zu, und wenn wir den Begriff Karriere neutral auffassen.

Mit seinem harschen Urteil über die Außenseiter will er nicht die ganze Bewegung abtun.

Man begann damals, nach Erklärungen zu suchen, worauf sind denn Widersprüche, die man erlebt, auch in der Gesellschaft der Bundesrepublik zurückzuführen? Das war alles richtig: Der kritisch-sozialwissenschaftliche Zugang als Basis für soziales Handeln war richtig, die Aufdeckung internationaler Zusammenhänge war richtig und ist heute noch richtiger als damals. Die Analyse war richtig, aber die Illusion bestand darin, wie die Widersprüche zu beheben waren. Es war eine Überschätzung des Gedankens, der Wirksamkeit aufklärerischer Argumente.

Und in der SPD – kommen dort mit seiner Generation 68er zum Zuge?

Diese Generation hat in den siebziger Jahren in der SPD etwas erreicht. In den achtziger Jahren ist ein neuer Problemkomplex aufgetreten, den haben die 68er nicht gesehen: die Ökologiefrage. Und es brach die personelle Kontinuität ab. In den 60er und frühen 70er Jahren gab es eine

Vernetzung von Generationen. Vernetzt waren sowohl diejenigen, die außerhalb der Institutionen etwas tun wollten, als auch die, die drin waren. Das hat was bewirkt. Das Netz der Generationsfolge in der SPD riß. Die Ökologiebewegung ist der Netzriß gewesen.

Die 68er fanden keine Nachfolger -

Es ist ihnen nicht gelungen, das politische Engagement derjenigen anzustacheln, die nach ihnen kamen.

So war es in der SPD. Und was wurde aus dem Marsch durch die staatlichen Institutionen?

Die 68er sitzen dort in staatlichen Administrationen, wo sie vor langer Zeit von SPD-Ministern eingesetzt werden konnten, und dies merkt man. Wenn sie dürfen. Da hat sich in den 70er Jahren merkbar etwas geändert.

Anders in den Parteien und Parlamenten. Dort gab es nicht die nötige, relativ schnelle generative Erneuerung nach den 68ern, ich sehe dort heute eine neue Erstarrung. Es fehlt die Kritik. Ich halte es für eine Perversion, daß eine Riege von potentiellen Großvätern als Enkel bezeichnet wird. Und daß man sich wundert, daß sie sich nicht so benimmt wie Zwanzigjährige. Wir würden alle wunderbar funktionieren, wenn es Dreißigjährige gäbe, die da mal ein bißchen mehr Dampf machen würden

Ist es nicht die Toscana-Fraktion, die nicht mehr die politisch-moralischen Ansprüche eines Willy Brandt oder eines Herbert Wehner verkörpert, sondern mehr oder weniger nur noch sich selbst, die eben jene Politikverdrossenheit zumindest mitverschuldet hat, die nun das Nachwachsen einer neuen politischen Generation behindert? Jetzt antwortet Christoph Zöpel sehr direkt. Das Gespräch kommt auf ein Thema, bei dem er seine anfängliche Zurückhaltung aufgibt: Die Sozialdemokratie heute.

Für 80 bis 90 Prozent der Sozialdemokraten, die ich kenne und die um 68 auch 25 Jahre alt waren, sage ich mit

Überzeugung – sie haben alle ihrem politischen Handeln die moralischen Kategorien zugrunde gelegt, die sie 68 angelegt haben, im Kern. Sie sind bemüht, im Rahmen des Möglichen die Verhältnisse nicht schlechter werden zu lassen, sondern eher besser.

Die Politikverdrossenheit hat andere Ursachen. Da gibt es ein merkwürdiges Zusammenspiel zwischen den Vätern der 68er und den 68ern selbst. Die 68er haben alles für gestaltbar gehalten und dabei nicht gemerkt, daß sie zuviel Geld ausgegeben haben. Da Helmut Schmidt denselben Fehler gemacht hat, sind wir nicht allein schuld. Aber der eigentliche Grund für die Politikverdrossenheit ist, daß überall, wo fiskalische Maßnahmen notwendig sind, alle hochentwickelten Staaten des Westens politische Versprechungen nicht mehr einhalten können, ohne nun wirklich in eine fundamentale Wirtschaftskrise hineinzusteuern.

Damals gabe es viele originelle Ideen, Gegenentwürfe, eine politische Öffentlichkeit. Auch heute stehen wir vor einer tiefen Krise, die weit über das Ökonomische herausgeht. Wo bleiben die Alternativen aus der Sozialdemokratie, die Gegenentwürfe zur Lösung der Krise?

Es fehlt eine politische Öffentlichkeit, da stimme ich Ihnen zu. Die Ideen waren damals Ideen von 25jährigen. Konzeptionell bleiben sie für mich ersatzlos richtig. Es wird ja oft diskutiert – sind die gescheitert? Ich wüßte nichts Besseres als dieses radikale Engagement für Aufklärung in einem linken Sinne.

Aber es gibt den Fehler, daß diese Generation, wo sie sich auf den Weg begeben hat zu regieren, es nicht verstanden hat, mit den fiskalischen Handlungsmöglichkeiten umzugehen – obwohl der theoretische Zusammenhang richtig aufgearbeitet war; es gibt hervorragende Beispiele, etwa die Abhandlungen von Rudolf Hickel über die Grenzen des Steuerstaats.

Dann gab es Illusionen, was passiert, wenn der Kommunismus zusammenbricht. Wir haben gedacht, wenn die bürokratischen stalinistischen Auswüchse sich abschütteln, dann wird eine linksdemokratische Gesellschaft da sein – das war eine Illusion, damit ist schwer fertig zu werden.

Wo die westeuropäischen Gesellschaften für sich etwas tun konnten – im Strafrecht, im Bildungssystem, in der kodifizierten Moral –, hat es einen Sprung gegeben in den 70er Jahren, ich wüßte keine Alternative dazu.

Die ökonomische Selbstüberforderung hingegen haben wir zu spät gemerkt – ich leugne nicht eine gewisse Ratlosigkeit, die jetzt auftritt. Ich meine nicht, daß alle finanzwirksamen Maßnahmen vorher falsch waren, aber wir müssen nun Reformen aus den heute vorhandenen fiskalischen Möglichkeiten entwickeln. Wenn Sie sagen, das ist keine zündende neue Idee – zündende neue Ideen sind nur Verteilungsideen. Wir lösen keines der Probleme Westeuropas ohne gravierende Verteilungsentscheidungen zu Lasten von zwei Dritteln der Gesellschaften dieser reicheren westeuropäischen Staaten.

Die Zweidrittel-Gesellschaft und die Schwierigkeiten, Umverteilungen zugunsten des ärmsten Drittels zu begründen – damit sind wir bei einem der Hauptwidersprüche sozialdemokratischer Politik der 90er Jahre . Die Situation habe sich doch seit 68 grundlegend geändert: Ein Verteilungsfortschritt sei gelungen. Die Zahl der Privilegierten habe sich verdoppelt, die Aufstiegsmöglichkeiten der unteren Mittelschicht sind besser – nur der Rest fällt immer mehr zurück.

Jetzt müßte ein ganz neues Verteilungsprinzip greifen, nämlich zu Lasten von zwei Dritteln der reichen Gesellschaft zugunsten eines Drittels in der eigenen und vor allem zugunsten des großen armen Rests. Das ist schwieriger als 68.

Und die 68er – soweit sie, wie er, Karriere gemacht ha-
ben, die SPD-Mitglieder –, sie sind doch alle auf der Seite
der zwei Drittel? Zöpel sieht das Problem.

Es ist dennoch unstrittig die Aufgabe der SPD, Vorschläge zur Verteilungsgerechtigkeit zu machen. Niemand
hat das deutlicher gemacht als Oskar Lafonaine. Es ist für
mich kein Zufall, daß man einem Sozialdemokraten, der
diese Verteilungsfrage am deutlichsten artikuliert hat –
Stop der Einkommen über A 13, wenn wir praktisch werden wollen -, daß man dem nachweisen will, er hält sich
nicht dran.

Oskar Negt
Es bleibt viel, was auch Maulwurfsarbeit geworden ist

von Karl-Heinz Heinemann

*Oskar Negt wurde 1934 in Ostpreußen geboren – ein we-
nig verrät das seine harte Aussprache. Sein Vater, Sozialdemokrat, war Bauer. Nach dem Soziologie- und Philoso-
phiestudium arbeitete Negt an der DGB-Bundesschule in
Oberursel. Während der Studentenrevolte war er Assistent
von Jürgen Habermas am Frankfurter Institut für Sozial-
forschung. Als Habermas die Studenten des »Linksfaschis-
mus« bezichtigte, setzte er sich kritisch von ihm ab. Negt
hat den Kontakt zu den Gewerkschaften, für deren hand-
lungsorientierte Bildungsarbeit er mit seinem Buch »So-
ziologische Phantasie und exemplarisches Lernen« das
Konzept lieferte, nie abreißen lassen. In Hannover bekam
Negt 1971 einen Lehrstuhl.*

*Nach dem Scheitern der Studentenrevolte war Negt
Mitinitiator des Sozialistischen Büros. In Aufsätzen und
Interviews warnt er heute vor einer nur oberflächlichen
Sicht der gegenwärtigen gesellschaftlichen Krise und for-
dert eine »zweite Reformperiode«, die die Gedanken von
1968 aufgreifen müsse.*

*Negt ist heute das, was er 1968 war – ein kritischer In-
tellektueller. Als Professor hat er dafür die angemessene
Existenzform gefunden. Sicher, er hat sich mehr als die*

151

meisten seiner Kollegen außerhalb der Universität enga-
giert, zum Beispiel als Gründer der Glockseeschule. Heute
gilt er als Berater des niedersächsischen Ministerpräsiden-
ten Gerhart Schröder. Sein Einfluß, etwa auf die gewer-
schaftliche Politik der Arbeitszeitverkürzung, ist unver-
kennbar.

Ich treffe Negt in seinem großen Arbeitszimmer in der
hannoverschen Uni. Sein Terminkalender ist voll, einen
Wochentag hat er für Interviews und Pressekontakte re-
serviert. Von den vorgesehenen anderthalb Stunden bleibt
schließlich eine gute Stunde. Von ihm erfahre ich politische
Einschätzungen, aber relativ wenig darüber, wie er per-
sönlich die letzten 25 Jahre verarbeitet hat. Das entspricht
so sehr seiner Denkweise, daß es wohl erheblich mehr Zeit
gebraucht hätte, um die Verbindung von Persönlichem
und Politischem herauszuarbeiten.

Seine politische Sozialisation ist geprägt von der Herkunft
aus der DDR und der kritischen Auseinandersetzung mit
dem Realsozialismus. Über diese Auseinandersetzung hat
er sich den Marxismus angeeignet.

Ich bin Marxist geworden, als ich 1951 aus der DDR
geflüchtet bin. Damals war nichts hängengeblieben, aber
ich hab mich später in der Schule damit auseinandergesetzt. Wir hatten einen katholischen Lehrer, der uns Marx
widerlegen wollte, und der hat sehr präzise und herme-
neutisch genau das Kommunistische Manifest und Lenins
Staat und Revolution mit uns gelesen. Und daraus ergab
sich in Verbindung mit der sozialdemokratischen Herkunft meines Vaters und der Tätigkeit in der Sozialdemokratie ein gesellschaftstheoretisches Verständnis, das von
Marx sehr geprägt gewesen ist.

Ich habe nie verstehen können, warum sie meinen Vater
vertrieben, der als Sozialdemokrat, als Bauer sehr viele

Vorteile genoß, der sich aber gegen diese Vereinigung von Kommunisten und Sozialdemokraten gewandt hatte. Das hat ihn in Konflikt mit der SED getrieben, weswegen er 1951 flüchtete.

1968 veröffentlichte Oskar Negt das Buch »Marxismus als Legitimationswissenschaft«, in dem er sich mit der dogmatisierenden Vereinnahmung des von ihm im umfassenden Sinn als kritische Theorie verstandenen Marxismus auseinandersetzt.

Der schnelle Zusammenbruch des Realsozialismus sei für ihn überraschend gekommen, hat aber weder Trauer bei ihm bewirkt, noch ihn an der Legitimität marxistischer Kritik zweifeln lassen.

Es ist ein Etappensieg des Kapitalismus, gefährlich, weil er die neuen Probleme verdeckt. Es hat den Marxismus für eine gewisse Zeit aus den Schlagzeilen genommen. Und ich glaube, daß der Sozialismus ganz andere Quellen hat, die wieder zusammenkommen können mit anderen Alternativen zum Kapitalismus. Der Kapitalismus ist nicht das Ende der Geschichte. Zum ersten Mal besteht weltgeschichtlich die Chance, daß sich der Sozialismus aus dem Kapitalismus heraus bilden kann – wie Marx es vorausgesagt hat: Der Sozialismus entsteht aus der Überreife des Kapitalismus.

Er blieb weiter in Kontakt mit Sozialdemokratie und Gewerkschaften, als die antiautoritäre Mehrheit im Frankfurter SDS von ihnen genauso wenig hielt wie von den kommunistischen Parteien. War das nicht eine komplizierte, widersprüchliche Situation?

Meine Sozialisation geht auf 58, 55 zurück. Ich habe nie den Kontakt zu den Gewerkschaften verloren, ich hatte immer viele Freunde in der Sozialdemokratie, bin aber nach dem Ausschluß des SDS aus der SPD nicht mehr Mitglied geworden. Dennoch ist mein Verhältnis zu denen sehr gut. Und den antiautoritären Impuls von 68 habe ich benutzt zu einer immanenten Kritik der Institutionen und Organisationen. 68/69 war ein wichtiger Impuls zur Neubestimmung etwa des Verhältnisses zwischen Politik und Selbstregulierung.

Doch wer soll heute das handelnde Subjekt für den Sozialismus sein? Etwa die Sozialdemokratie?

Die Frage, was Demokratie ist, bestimme ich nach dieser Zeit etwas anders. Und schon früh war mir klar, daß es so ein substanzielles Subjekt des Proletariats, der Arbeiterklasse, ein Subjekt als geschichtliche Agentur der Veränderung der Gesellschaft nicht gibt.

Deshalb habe ich sehr viel auf Bildung und Lernprozesse gesetzt, mich mit gewerkschaftlicher Bildungsarbeit beschäftigt und eine Schule mitinitiiert. Ich glaube, daß sehr viel davon abhängt, wie die Menschen ihr Bewußtsein, ihr Verhalten ändern.

Die gewerkschaftliche Bildungsarbeit, vor allem die Jugendbildungsarbeit, steckt gegenwärtig in einer Krise. Welche Rolle spielt sein Konzept des exemplarischen Lernens, der soziologischen Phantasie noch?

Das Konzept der soziologischen Phantasie war geprägt von der Kritik an dem damals erstarrten bürokratischen Handeln des Gewerkschaftsapparats. Heute gibt es keine eindeutigen Feindpositionen innerhalb der Gewerkschaften mehr. Das heutige Problem ist, daß es in den Gewerkschaften wie in der gesamten Gesellschaft einen gewissen Gegenstandsverlust gibt. Es entzieht einem, wo gewerkschaftliche Bildungsprozesse ansetzen könnten. Die Enstrukturierung des alten Problemfeldes ist das Problem geworden, und wir befinden uns in einer Erosionskrise, in einer gesellschaftlichen Krise, in der viele alte Einstellungen nicht mehr problemlos gelten, und neue selbstverständliche Denkweisen noch nicht da sind.

Sein Marsch in die Institution Hochschule endete auf einer C4-Professur, erfolgreich also. Ist es nicht die ideale Existenzweise eines kritischen Intellektuellen?

Ja, die Situation eines deutschen Professors ist ausgesprochen privilegiert, und man kann viel daraus machen. Ich glaube, ich verbinde Lehre, Forschung und Schreiben so eng miteinander, daß meine Studentinnen und Studenten davon profitieren, daß ich schreibe, und daß ich Lehrgebiete besetze mit Phantasie. Daß das alles in die Lehre einbringbar ist, hat damit zu tun, daß wir uns hier gewehrt haben gegen eine völlige Verschulung der akademischen Ausbildung. Ich sehe die Verantwortung des Hochschullehrers darin, daß er seinen Freiraum wahrnimmt. Und der ist in der Regel nicht ausgeschöpft.

Zurück zu 1968: Er war damals Assistent von Jürgen Habermas. Muß man Habermas nicht nachträglich recht geben mit seiner Kritik, die Studentenbewegung verwechsle symbolische Aktionen und reale Machtprozesse?

Ich habe damals in meinem Band »Die Linke antwortet Jürgen Habermas« versucht, den Dialog mit ihm wieder aufzunehmen, ihn wieder in den Zusammenhang der Studentenbewegung zu ziehen – das mißglückte, es mußte bei dem Titel auch scheitern. Jürgen Habermas hat damals Seiten an der Protestbewegung wahrgenommen, die ich und viele andere damals nicht wahrgenommen haben: Das Spielen, das Jonglieren mit Gewaltpotential, wo symbolische und reale Gewalt so ineinander übergehn, daß man nicht mehr weiß, was ist damit gemeint. Ein Teil ging ja in den RAF-Terrorismus über, das war konsequent angelegt. Aber vieles ging auch ein in das, was ich weiter verfolgt habe, in die Gründung des sozialistischen Büros, die Gründung der Glockseeschule und der antiautoritären Kinderläden.

Wenn man Reden und Schriften von 1968 liest, so ist man überrascht, welch große Rolle damals Kollektivität

und Solidarität spielten – Themen, die in der Individuali-
sierungstendenz der letzten 25 Jahre unterzugehen schei-
nen. Oskar Negt ist da nicht so pessimistisch.

Sicher, im traditionellen Sinne ist Solidarität der alten
Großgruppen brüchig geworden. Aber es gibt sie auf anderen Ebenen, z.B. die Lichterketten des Kampfes gegen
Ausländerfeindlichkeit, ad hoc, situationsgebunden her-
gestellte Solidarisierungen mit den Opfern.

Ich würde nicht sagen, daß diese Gesellschaft insgesamt
gnadenloser geworden ist. Sie hat, um den Blochschen
Ausdruck zu benutzen, im Augenblick die Tendenz eines
Kältestroms, aber in vieler Hinsicht ist die Empathie gewachsen – das können Sie z.B. an Spendenaktionen sehen –, hier sind ganz neue Formen der Solidarität entstanden, die allerdings noch nicht die Formen einer Kampfso-
lidarität haben, sondern eher in der Abwehr dessen, was
man nicht will: Man will den Golfkrieg nicht, aber die Solidarität artikuliert sich nicht in der Formulierung positi-
ver Ziele. Gegenwärtig sind die Ziele verloren gegangen,
das Spannungsverhältnis zu dem, was man will.

Geschichtlich ist das immer in solchen Untergangssi-
tuationen aufgetreten. Wir haben es mit einer Gesell-
schaftsordnung zu tun, deren Potentiale, die aus Jahrhun-
derten vor uns kommen, sich allmählich erschöpfen, darin
sind die Postmodernen im Recht.

Wir haben noch keine wirklich organisierenden Ziele –
hin auf eine Gesellschaft, die diese Individualisierungs-
schübe aufnehmen könnte und trotzdem mit Kollektivität, mit Solidarität, mit Gemeinschaft operiert.

Die alten Ziele, die alten Gegenstände, Freunde und
Feinde werden ungewiß, meint Oskar Negt.

Wir können uns nicht einmal auf unsere Feinde verlassen, ganz abgesehen von unseren Freunden. Was ist das
für eine Verdrehung und Verwirrung, wenn Joachim Fest

den Vorschlag macht, Jens Reich zum Bundespräsidenten zu wählen – wo sind da noch Fronten erkennbar?

Gegenstandsverlust ist das eine, Verlust der Öffentlichkeit ist das andere – das unterscheidet die heutige Situation von 1968, als die Studentenbewegung Öffentlichkeit herstellte. Eine Scheinöffentlichkeit in den Medien schafft eine Scheinwirklichkeit.

Es ist so, daß die Grundentscheidungen nicht im Parlament und von den Regierungen getroffen werden, sondern vor den Fernsehkameras. Festlegungen von Ministern, die ganze Wiedervereinigung ist vor den Fernsehkameras abgelaufen. Und deshalb fehlt der Öffentlichkeit das Diskutierende, das Kritische, das Beharrende, auch die Gedächtnisleistung, die Öffentlichkeit hatte. Die beschleunigte Entwertung von Informationen führt auch zu einem chronischen Gedächtnisverlust der Menschen, und das hat langfristig fatale Wirkungen, weil dadurch nichts wirklich ausgetragen wird.

Dieser Verlust von Öffentlichkeit ist ein gravierender Posten auf der Negativseite. Wenn man die Erfolge von 68 bilanziert – was bleibt?

Es bleibt viel, was auch Maulwurfsarbeit geworden ist, was unter der Erde weitergelaufen ist. Die Räteöffentlichkeit wurde propagiert, diese Selbstbestimmungsorgane der 20er Jahre sind neubelebt worden. Und so ist die Idee der direkten Demokratie ja auf eine merkwürdige Weise eingegangen in die Befragung der SPD-Mitglieder, wer der Parteivorsitzende sein soll. Auf sehr verwickelte Weise kommen da Dinge zum Ausdruck, die 1968 zum erstenmal so gedacht wurden, die natürlich auch ihre pervertierten Formen haben. Damals gingen die Studenten davon aus, machen wir 'ne Vollversammlung, bestellen wir unsere Professoren durch eine Vollversammlung. Natürlich hat das eine fragwürdige Dimension, weil der Persönlichkeitsschutz verloren geht, aber da steckt der Impuls drin, daß im Grunde die Menschen an den Angelegenheiten, von denen sie betroffen sind, selbst beteiligt werden müssen.

Die zweite Dimension besteht darin, daß die demonstrative Öffentlichkeit der Studenten, die Demonstration ja in der Tat die vorherrschende Form der Kritik des Herrschaftssystems geworden ist seit 68. Wenn Sie den Mai 68 in Frankreich nehmen, wo sich fast eine Million Menschen versammelt haben, wenn Sie Prag nehmen, und wenn Sie jetzt die demonstrative Öffentlichkeit in der früheren DDR nehmen: Es ist kein Schuß gefallen, doch das System hat sich nicht mehr getraut, dagegen vorzugehen. Die physische Anwesenheit, mit Kerzen etc., das Inbesitznehmen des gesellschaftlichen Raumes durch die Demonstrierenden ist ein ungeheuer wirksames Mittel geworden, bestehende Herrschaftssysteme zum Einstürzen zu bringen. Und auch so etwas wie der Runde Tisch hat Vorformen in der Studentenbewegung: Das ist die Vollversammlungsstruktur, wo alle reden konnten, da ist so etwas vorgeprägt wie ein gewaltloses Medium der Verbindung von Politik und Interessen, von Politik und Emanzipationsbedürfnissen.

Und in den Institutionen taucht die 68er-Bewegung in vielen Facetten wieder auf: Starke Elemente der antiautoritären Erziehung sind in die normalen Schulen eingegangen. Sicher mit zwiespältigen Folgen, aber immer doch auch so, daß Elemente aufgenommen, assimiliert worden sind, Bestandteil von Wirklichkeit geworden sind. Insofern ist für mich diese 68er-Bewegung in diesen verschiedenen verwickelten Gängen von Maulwurfsarbeit sichtbar und übrig geblieben.

Karl-Heinz Heinemann / Thomas Jaitner

Erfahrungen bei der Arbeit
an diesem Buch

Karl-Heinz Heinemann: Die Rechtfertigung der 68er, die
Auseinandersetzung damit, ob sie nun schuld sind an diesem oder jenem, war für mich im Verlaufe der Arbeit an
diesem Buch gar nicht mehr so interessant. Das ist zunehmend zurückgetreten, weil ich überrascht war, wie vielfältig das ist, was unsere GesprächspartnerInnen aus ihrem
Leben gemacht haben, welche Konsequenzen sie gezogen
haben, wie sie mit diesen Ansprüchen umgehen, daß sie
sich damit intensiv auseinandergesetzt haben. Davon habe
ich mehr gehabt. Die Frage, woran wir festhalten, läßt sich
nicht als abstraktes politisches Programm beantworten.
Die Vielfalt finde ich das Beeindruckende.

Wie wird man der Vielfalt, dem Verzicht auf ein Denken in Modellen und vorschnellen Verallgemeinerungen,
gerecht? Ich denke, daß das auch zu tun hat mit dem
Punkt, über den wir uns nicht einig geworden sind, mit
der Form der Darstellung: Sollen wir mit dem Anspruch
der Authentizität nur die Gesprächspartner im Original-
ton zu Wort kommen lassen oder die Gespräche zu Porträts gestalten? Da stehen bei uns beiden gleiche Erfahrungen dahinter, aber vielleicht haben wir sie anders verarbeitet. Ich habe Mitte der achtziger Jahre die Erfahrung gemacht, daß ich damit nicht mehr weiterkomme, meine Arbeit in der Pädagogenzeitschrift »Demokratische Erziehung« als ein Deduzieren von politischen und theoretischen Ansprüchen zu begreifen, sondern daß ich sehen
wollte, was in der Realität geschieht. Das ist der Anspruch,

mit dem ich auch an diese Porträts herangegangen bin. Aber als Journalist meine ich auch, ich muß selbst Stellung beziehen. Ich sehe den anderen oder die andere durch die Brille meiner Fragen und meiner Erfahrungen, damit setze ich mich auseinander. Da will ich meine Position auch kenntlich machen und zur Diskussion stellen.

Thomas Jaitner: In den Interviews sind beim Erzählen über die jeweilige eigene Biografie vielfältige Erfahrungen festgehalten worden, zugleich aber auch unterschiedliche Deutungen, die meinen eigenen widersprachen, die mir z.T. fremd waren. Gerade das hat in mir etwas ausgelöst: Vielleicht kann ich jetzt die anderen Personen etwas besser verstehen, und vielleicht kann ich in neuer Weise über mein eigenes Leben reflektieren und begreifen, daß es nur eines von vielen möglichen ist. Das Zuhören kann mich bereichern. Ich finde es wichtig, das, was ich an der anderen Person fremd finde, gerade im Gespräch zu thematisieren und nicht nachträglich zu kommentieren, wenn die GesprächspartnerInnen keine Möglichkeit mehr haben, darauf einzugehen. Nur dadurch kann ich gerade dem Unterschiedlichen auf die Spur kommen. Als Autor dieses Buches stelle ich mir vor, daß die LeserInnen gleichsam mit am Tisch sitzen. Ich stelle zwar die Fragen und lenke das Gespräch, aber die LeserInnen können »mithören«.

Für mich kommt noch etwas Lebensgeschichtliches hinzu. Ich befinde mich »in der Mitte des Lebens«, ich habe noch etwas vor mir, aber zugleich habe ich auch eine eigene Geschichte. Ich überlege mir seit einiger Zeit, was ich in den nächsten Jahren machen soll, und dabei stoße ich immer wieder auf meine eigene Vergangenheit und frage mich, welche Ansprüche ich eigentlich einmal hatte, was aus ihnen geworden ist, was ich davon für die Zukunft verwerten kann. Bei diesen Gedanken spielt 1968 für mich eine große Rolle. Dieses Jahr war für mich ein persönlicher Bruch. Es ging mir damals vor allem um den Versuch, aus der engen Moral und Religiosität der kleinbürgerlichen Familie auszubrechen. Mein Leben ist ohne 1968 gar nicht denkbar. Darum kreise ich immer, wenn ich wissen will, was ich in den nächsten Jahren machen will, denn damals haben sich meine entscheidenden Ansprüche entwickelt.

Ich bin dann 1971 in die DKP eingetreten und war dort 18 Jahre Mitglied. Ich habe in dieser Partei viel gelernt, vor allem in den Anfangsjahren. Aber ich muß heute auch feststellen, daß ich vieles von meiner Autoritätsfixiertheit dort weitergelebt habe. Über lange Jahre sind deshalb viele Dinge an mir vorbeigegangen, z.B. die Ökologiebewegung, weil sie nicht in die Linie dieser Partei und damit auch nicht in meine eigene hineinpaßten.

Meine heutige Lebenssituation fällt für mich zusammen mit den Umbrüchen der 80er Jahre, wo sich herausgestellt hat, daß viele Sicherheiten nicht mehr stimmen und ganz neue Fragen gestellt werden müssen. Es gibt also eine Reihe auch ganz persönlicher Gründe, die es für mich wichtig machen, andere Leute nach ihren Ansprüchen und Erfahrungen zu befragen.

Karl-Heinz Heinemann: Der persönliche Aspekt hat für mich auch eine große Rolle gespielt. Die letzten Jahre waren für mich mit großen Brüchen verbunden. Meine ganze bisherige politische, berufliche und private Entwicklung war an einen Schlußpunkt gekommen. Und es war und ist für mich auch mit Angst verbunden, wie es weitergeht; mit der Angst, was man von seiner eigenen Identität behält, die ja nicht nur aus 68 besteht, die eine Vor- und eine Nachgeschichte hat, das wird ja auch aus den Interviews sehr deutlich. Man hat eine Identität, die möchte man gern fortsetzen. Mein Weg ist sicher nicht typisch, ich war lange Zeit in der DKP und habe meine berufliche Arbeit als Redakteur auch in diesem politischen Zusammenhang verstanden.

Es ist in mancher Hinsicht ähnlich wie 1970, als ich in die DKP eingetreten bin. Wir hatten in Frankfurt gründlich das Kapital gelesen, aber die Studentenbewegung zerfiel in diverse Sekten. In der DKP fand ich interessante Gesprächspartner. Man wußte, was zu tun ist. Ich hatte dort eine Aufgabe. Da konnte ich mich aus der Unsicherheit retten.

Natürlich hat mir das auch etwas gebracht. Und wir hatten das Gefühl, etwas zu verändern. Das war zum Teil paranoid, wie es Rolf Trommershäuser geschildert hat – mit dem ich damals übrigens zusammen in die DKP eingetreten bin.

Aber danach habe ich vieles versäumt. Auch wenn es viele Versuche gab, aus der doch recht miefigen Enge herauszukommen, etwa über die Friedensbewegung und die vielen Kontakte, die ich als Redakteur hatte, war ich irgendwo stehengeblieben. Und nun muß ich mal sehen, was andere gemacht haben in dieser Zeit, und ob ich damit besser weiterkomme. Sicherlich habe ich von den unterschiedlichen Leuten von jedem etwas anderes begriffen und mitgenommen.

Ich bin in die DKP gegangen, weil mir das überschaubarer schien. Da war nicht der große Anspruch, alles zusammenzubringen und alles anders zu machen. Da wurde das sorgfältig auseinandergehalten. Was mich nun überrascht hat, war, daß viele ganz individuelle Lösungen gefunden und für sich versucht haben, die Ansprüche auf ein lebbares Maß zu reduzieren – also z.B. Wilhelm Reich gut zu finden und trotzdem in einer monogamen Beziehung zu leben.

Wenn man die Interviews einmal Revue passieren läßt, so lassen sie sich nicht typisieren etwa in der Art: Da sind die Leute, die sich angepaßt haben, da sind diejenigen, die sich verweigert haben. Da gibt es Leute, die haben sehr radikale Entscheidungen für ihr Leben getroffen, das habe ich so nicht gemacht und das könnte ich auch so nicht. Oder wenn z.B. Herbert Stubenrauch sagt, natürlich halte er an allen Ansprüchen fest, die er 1968 gehabt hat, aber er nehme sich nur noch soviel vor, wie er jetzt wegschaffen könne, so leuchtet mir das unmittelbar ein. Das ist eine befriedigende Botschaft. Aber dann denke ich, enthält das nicht etwas von dem, wogegen wir uns immer gewehrt haben – sich einrichten, sich bescheiden, die Grenzen des Machbaren beachten? Hat man uns nicht damals gesagt, werdet erst einmal älter? Steckt da nicht so etwas wie ein Wiederholungs- oder Anpassungszwang drin? Wir leben doch in vielerlei Hinsicht wieder so, wie unsere Eltern gelebt haben.

Thomas Jaitner: In vielerlei aber auch nicht. Und das ist gerade der Punkt, der mich zum Nachdenken bringt. Vielleicht müssen wir wieder eine Kohle zulegen, und wir haben doch noch ein paar Jahre vor uns.

Für mich ist es die Frage, wie man sich einerseits Dinge vornehmen kann, die man auch schaffen kann, ohne sich zu überfordern – ich bürde mir nicht die Last der ganzen Welt auf -, andererseits aber nicht in so eine spießbürgerliche Zufriedenheit verfällt mit dem Argument, daß es eigentlich sinnlos ist, irgend etwas zu tun, weil die Probleme so riesenhaft sind, daß man sie ohnehin nicht lösen kann. Diesen Weg findet man vielleicht, wenn man sich in dem Rahmen, den man selbst verantworten kann, an alternativen Projekten beteiligt. Das Alternative, das ist für mich das entscheidende Kriterium.

Unsere Eltern haben ja unter verändern etwas anderes verstanden. Ihre kleine Schubkarre bestand doch vor allem darin, daß man im Rahmen des Bestehenden konform

Karriere macht und meint, man könnte da etwas freundlicher gestalten. Ich finde schon, es geht immer noch um Alternativen.

Karl-Heinz Heinemann: Und ähnlich ist das mit der Individualisierung in den vergangenen 25 Jahren. Eigentlich ist sie auch ein Ergebnis des kulturellen Wandels von 68. Lebensformen, der Alltag sind nicht mehr so normiert. Aber muß das denn die Auswirkung haben, daß man ganz ratlos vor einer totalen Beliebigkeit steht? Damals war nicht nur ständig von Solidarität die Rede, sondern das Kollektiv war auch etwas ganz Positives. Was findet sich davon heute noch wieder? Der eine macht es so, der andere so. Ich fürchte, daß aus der Individualisierung ein ganz unpolitischer Individualismus herauskommen kann. Die Gefahr sehe ich auch für mich.

Thomas Jaitner: Und trotzdem geht kein Weg hinter diese Individualisierung zurück. Das ist mir an den Berichten über die Wohngemeinschaften aufgefallen. Es geht kein Weg dahinter zurück, daß viele Formen von Leben, Lebensprojekten gleichberechtigt nebeneinander stehen müssen, daß man das sehr unterschiedlich sehen kann. Es kommt allerdings darauf an, Regeln zu finden, damit keiner auf der Strecke bleibt und man sich nicht die Köpfe einschlägt. Es ist neben der Individualisierung, der Anerkennung meines Bedürfnisses nach Selbstverwirklichung auch eine neue Form des Miteinander gefordert, der Solidarität. Aber das wird nicht möglich sein, ohne daß du in vielen Sachen wirklich frei bist und nicht etwas so oder so machen mußt, nur weil es in einem Buch steht oder irgend jemand es gesagt hat. Deshalb ist an dieser Individualisierungswelle auch viel Positives dran, was man begreifen muß. Das ist an mir auch lange Zeit vorbeigegangen, da stand unser Konzept von Disziplin und Einheitlichkeit dagegen. Anders gesagt: Es geht im Augenblick um die

Herausbildung eines neuen kulturellen Modells, das nicht mehr an irgendwelchen Konsumsachen als höchstem Gut oder an einer Art protestantischer Ethik mit Werten wie Leistung, Selbstverleugnung oder Zweckrationalität orientiert ist. Ich glaube, daß die Erfahrungen, die die 68er in den verschiedensten gesellschaftlichen Bereichen gesammelt haben, in diesem Zusammenhang sehr wichtig sind. Es wäre interessant, sich über diese Frage noch genauer zu verständigen. Vielleicht sind da bei aller Unterschiedlichkeit auch neue Gemeinsamkeiten im Lebensgefühl möglich, vielleicht kann das auch politisch eingebracht werden in eine neue Reformphase, die Deutschland dringend braucht.

Fotonachweis: Hans-U. Faure (S. 127); dpa (S. 150)

Till Bastian

Frieden
schaffen mit deutschen
Waffen

Krieg als Mittel der Politik?
Plädoyer für ein ziviles Deutschland

Die Bundeswehr als Friedensengel? Kampfjäger als
himmlische Boten? Out of area or out of mind?
**Till Bastian (Vorstandsmitglied der deutschen Sektion
der IPPNW)** untersucht die Wurzeln und Ziele der neuen
deutschen Großmachtpolitik und plädiert entschieden für
ein ziviles Deutschland.

Mit einem Beitrag von Katrin Fuchs (MdB) über die
veränderte NATO-Strategie, den Aufbau schneller
Eingreiftruppen und die Rolle der Bundeswehr.

140 Seiten, ISBN 3-89438-060-8

Über Ihre Buchhandlung oder zuzügl. Versandkosten direkt bei

PapyRossa Verlag
✉ Petersbergstr. 4, 50939 Köln ☎ 0221/448545, 446240, FAX 444305

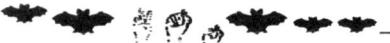

Gisela Preuschoff / Axel Preuschoff

GewAlt an ScHULEn

Und was dagegen zu tun ist

2., erweiterte Auflage, 160 Seiten, ISBN 3-89438-049-7

Matthias von Hellfeld

Die Nation erwacht

Zur Trendwende der deutschen politischen Kultur

183 Seiten, zahlreiche Abb., ISBN 3-89438-055-1

Karl-Heinz Heinemann / Wilfried Schubarth (Hg.)

Der antifaschistische Staat entläßt seine Kinder

Jugend und Rechtsextremismus in Ostdeutschland

140 Seiten, ISBN 3-89438-040-3

Über Ihre Buchhandlung oder zuzügl. Versandkosten direkt bei

PapyRossa Verlag

✉ Petersbergstr. 4, 50939 Köln ☎ 0221/448545, 446240, FAX 444305